Ce livret est une petite révision de ce que les enfants ont appris lors d'une leçon biblique et lors de discussions avec des adultes au sujet du thème indiqué. N'hésitez pas à adapter à votre propre situation ce qui vous semble utile.

Être sérieux, c'est quoi ?

Inscris dans la bulle de chaque dessin le chiffre de la définition qui lui correspond.

1 Quand on est sérieux, on est attentif à tout, jusque dans les moindres détails.

2 Quand on est sérieux, on soigne toutes les étapes d'un travail, pour que le résultat final soit réussi.

3 Le sérieux est très important lorsqu'on souhaite obtenir de bonnes notes. (Tables à apprendre, février, 20/20)

4 Quand on est sérieux, on ne se relâche pas dans son travail, mais on s'exerce un peu tous les jours pour travailler de mieux en mieux. (Bienvenue au cirque, le 15 octobre).

5 Quand on est sérieux, on utilise son temps de la meilleure manière possible.

Thème : Être sérieux

Fais toujours de ton mieux

Être sérieux, la fidélité, le sens de l'effort, l'attention, la persévérance...
tous ces mots se rejoignent parce qu'ils t'encouragent à toujours faire
de ton mieux, et ce sont des qualités nécessaires dans la vie.

Dans chaque étiquette ci-dessous, dessine à quoi ressembleront les différentes tâches si elles sont faites avec ou sans les qualités que nous venons de citer. Tu peux t'aider de l'exemple.

Sérieux — Quand tu jardines

Pas sérieux — Quand tu fais tes devoirs

Quand tu mets la table

Quand tu plies tes habits

Quand tu ranges ta chambre

Quand tu essuies la table

Quand tu fais ton lit

Quand tu construis une cabane

Thème : Être sérieux

Dans les petites choses

Il est très important que nous soyons sérieux et fidèles dans les petites choses car sans les petites choses, aucune grande chose ne pourrait exister. Si nous sommes fidèles dans les petites choses que Dieu nous confie, il pourra nous bénir en nous confiant des choses plus grandes.

Sur les étiquettes, tu découvriras le nom de certaines petites choses. Écris sur les rochers quelles GRANDES CHOSES on pourrait obtenir à partir de ces petites choses. Puis relie chaque petite chose à la grande chose qui lui correspond.

- des grains de sable
- des gouttes d'eau
- des petites graines
- des petites lettres

Thème : Être sérieux

Échelles et toboggans

Propose à un ou une ami(e) ou à un membre de ta famille de jouer avec toi à ce jeu très sympa. Pour jouer, il vous faudra : un dé et des boutons (ou des pièces de Lego) qui vous serviront de pions.

Règle du jeu : Les joueurs lancent le dé à tour de rôle et déplacent leur pion selon le nombre de cases indiqué par le dé. Ils lisent et suivent les instructions des cases sur lesquelles ils s'arrêtent. Lorsqu'un pion se retrouve en bas d'une échelle, il monte automatiquement vers le sommet de l'échelle. Lorsqu'un pion s'arrête en haut d'un toboggan, il glisse jusqu'à la case en bas du toboggan. Le 1er joueur à atteindre l'arrivée a gagné le jeu.

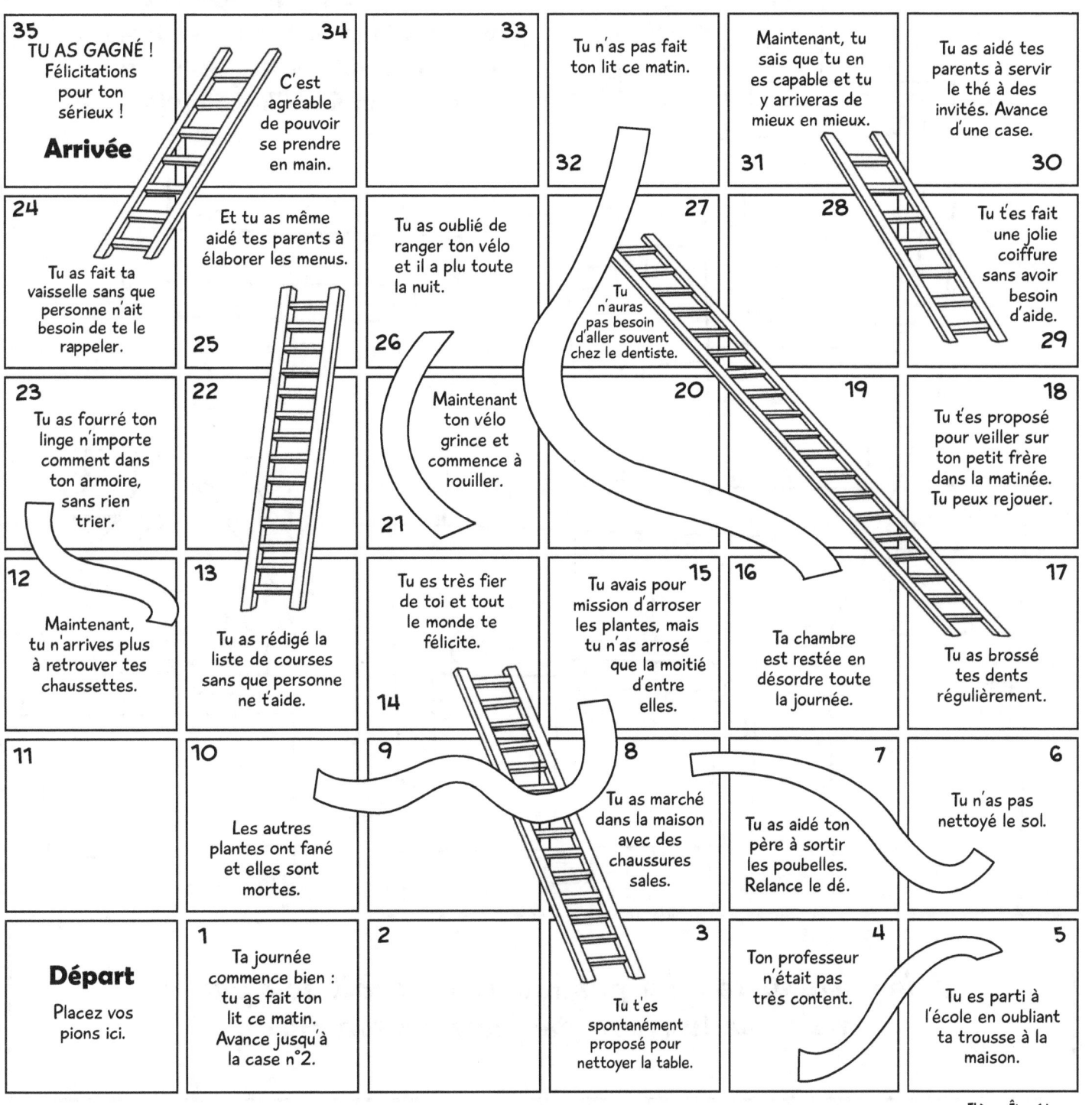

Thème : Être sérieux

À la maison

Que ressens-tu lorsque tu réalises que tu viens de réussir un travail à la maison ou dehors ?...

....

....

Remplis chaque fenêtre de ces bâtiments en écrivant les tâches que tu sais faire et les missions que tu es capable d'accomplir.

L'important, ce n'est pas que ton travail soit parfait, mais que tu fasses toujours de ton mieux.

Thème : Être sérieux

Par-dessus tout...

Nous avons besoin d'apprendre à faire les choses correctement et à nous montrer persévérants et sérieux dans tous les petits détails. Mais par-dessus tout, nous voulons le faire de bon cœur, en agissant par amour pour Dieu et pour les autres. Relie les points dans l'ordre pour terminer ce dessin.

Tout ce que vous faites, faites-le de tout votre cœur, comme pour le Seigneur. Colossiens 3:23

Finalement, être sérieux, c'est une manière d'adorer Dieu.

Thème : Être sérieux

Les gens sérieux...

Que dit la Bible au sujet des gens sérieux ?

Découvre les versets bibliques* ci-dessous et dessine ce que ces versets t'inspirent.

Les gens sérieux...

Finiront par devenir des chefs
L'homme qui travaille dur finira par commander. (Proverbes 12:24)

S'enrichiront et prospèreront
Ceux qui travaillent dur obtiennent tout ce qu'ils veulent. (Proverbs 13:4)

Ont un but, et leur vie a du sens
Faites encore plus d'efforts pour rester fidèles à l'appel de Dieu et au choix qu'il a fait de vous. Si vous vivez de cette façon, vous ne risquez pas de tomber dans le mal. (2 Pierre 1:10)

Travaillent même si c'est difficile.
Mais vous, maintenant, soyez forts, ne vous découragez pas. Vos efforts seront récompensés. (2 Chroniques 15:7)

Réussiront dans ce qu'ils font
Regarde celui qui travaille bien. Il pourra se présenter au service du roi, au lieu de rester parmi les ouvriers qu'on ne connaît pas. (Proverbes 22:29)

*Ces versets sont extraits de la Bible Parole de Vie.

Thème : Être sérieux

Les gens paresseux...

Que dit la Bible au sujet des gens paresseux ?

Découvre les versets bibliques* ci-dessous et dessine ce que ces versets t'inspirent.

Les gens paresseux...

Ont du mal à se mettre au travail
Quelqu'un qui travaille dur en tire des avantages. Mais celui qui se contente de parler sera toujours pauvre. (Proverbes 14:23)

Ont du mal à finir leur travail
Un jour, je suis passé près du champ d'un paresseux... les mauvaises herbes poussaient partout. (Proverbes 24:30-31)

Le paresseux ne veut pas labourer au bon moment. Mais à la récolte, il cherche et ne trouve rien. (Proverbes 20:4)

Ne pensent qu'à s'amuser
La personne qui aime les plaisirs sera toujours pauvre. (Proverbs 21:17)

N'obtiennent rien
Le paresseux a des désirs, mais il n'arrive à rien. (Proverbes 13:4)
Celui qui ne veut pas travailler, qu'il ne mange pas non plus.
(2 Thessaloniciens 3:10)

*Ces versets sont extraits de la Bible Parole de Vie.

Thème : Être sérieux

Les pièces du puzzle

Reconstitue les phrases en reliant les pièces de puzzle qui se correspondent.

Être responsable signifie que tu fais ce qui doit être fait, par amour pour...

... et sur le fait que tu tiendras tes promesses.

Si tu es responsable, les autres pourront compter sur toi...

... toi-même, pour ta famille, pour tes amis et pour tout ton entourage.

Parfois, être responsable, c'est choisir la difficulté et décider...

... non à quelque chose que tu aurais tort de faire.

Être responsable peut te demander beaucoup de force, comme lorsqu'il faut dire...

... de travailler très dur avant un examen ou d'annuler une sortie pour aider sa famille.

Thème : Être sérieux

Les petits commencements

Si apprendre à être sérieux et responsable est quelque chose de nouveau pour toi, tu peux commencer par des toutes petites tâches. Commence par faire une seule chose sans demander de l'aide et sans que tes parents aient besoin de te le rappeler. Tu verras qu'ensuite, ce sera plus facile de faire d'autres choses. Voici une liste de certaines des tâches les plus importantes que tu pourras faire à la maison :

Pour toi-même
- t'habiller
- te lever seul(e) le matin
- prendre ta douche ou ton bain
- préparer ton petit déjeuner
- t'organiser dans tes devoirs
- faire ton lit
- te laver les cheveux
- te sécher les cheveux
- te coiffer
- préparer ton sac
- organiser ta journée
- te brosser les dents
- penser à tes affaires de sport
- ranger ta chambre

Pour ta famille
- mettre la table
- faire la lessive
- passer l'aspirateur
- apprendre à cuisiner
- vider le lave-vaisselle
- empiler du bois
- nettoyer la salle de bain
- élaborer des menus
- nettoyer la cuisine
- préparer le déjeuner
- faire la liste des courses
- aider à faire les courses
- répondre au téléphone

Pour la vie
- t'organiser
- gérer ton temps
- savoir persévérer
- te prendre en charge
- prendre de bonnes habitudes
- définir tes préférences personnelles (par exemple : prendre un bain ou une douche ?)

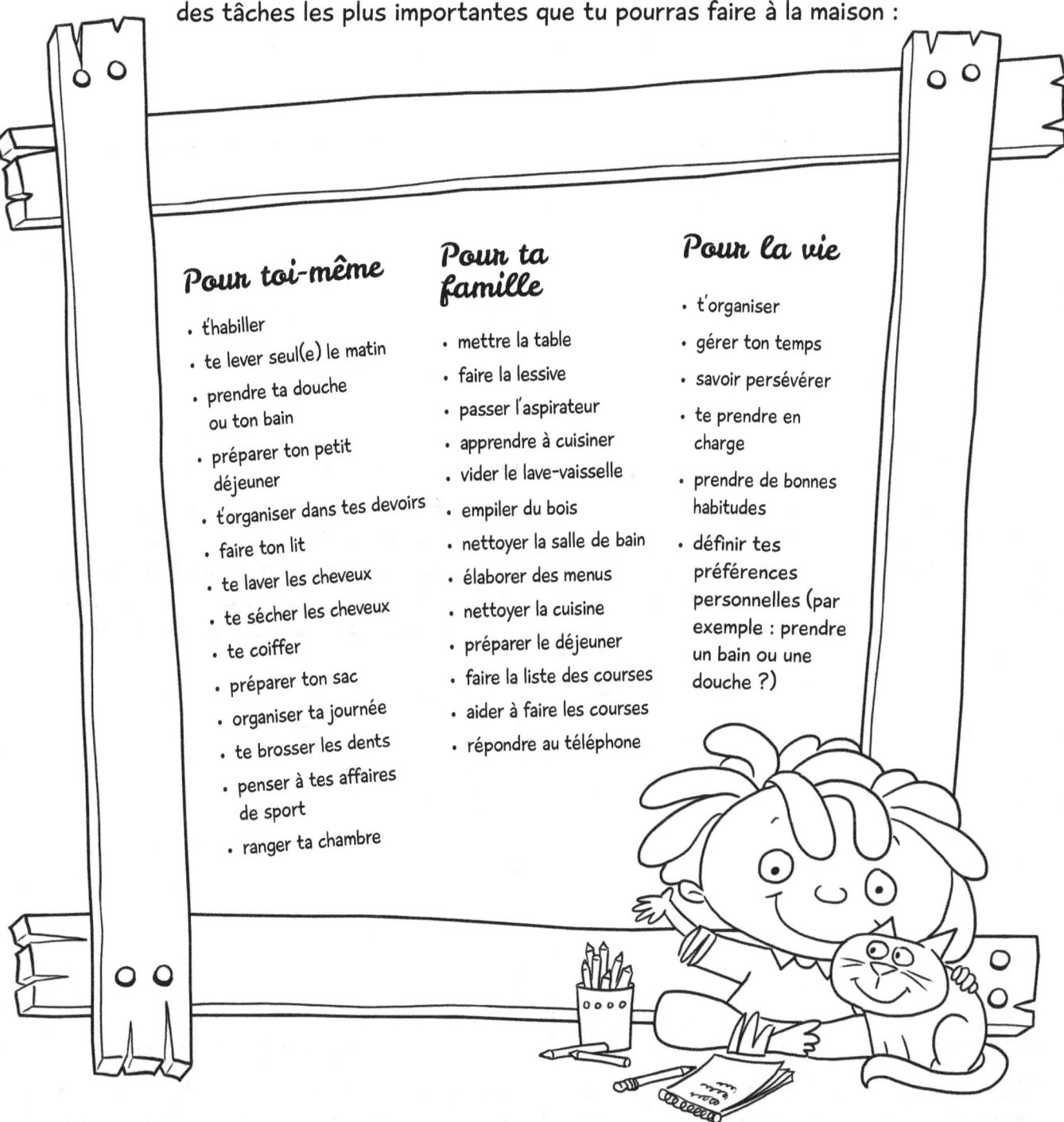

Dans la liste ci-dessus, entoure toutes les tâches que tu sais très bien faire en ROUGE, les tâches qui te demandent encore un peu d'entraînement en JAUNE, et les tâches que tu as envie d'apprendre à faire en BLEU.

Illustre une histoire de la Bible

Lis cette histoire biblique, et amuse-toi à créer les illustrations qui l'accompagneront.

(Genèse 1)

Au commencement, il n'y avait absolument rien. Pas de soleil qui brillait, pas de beaux animaux, pas de fleurs qui sentent bon, et même pas de personnes comme toi et moi.

Alors Dieu a décidé de créer le monde et de le couvrir de fleurs magnifiques, d'y faire habiter les créatures les plus intéressantes et les personnes les plus formidables.

Il a aussi ajouté des choses incroyables comme l'eau qui éclabousse, les oiseaux qui volent, les nuages gonflés d'eau et les étoiles qui brillent.

Lorsque son travail était fini, Dieu a vu que tout était très beau. Il était satisfait de ce qu'il avait fait et il savait que son travail nous plairait également.

Thème : Être sérieux

Mise en pratique

Salut ! Je suis Allie. Je vais t'aider à mettre la Parole de Dieu en pratique dans ta vie.

Lorsque nous observons le MONDE que Dieu a créé, depuis les IMMENSES océans jusqu'aux toutes petites fourmis, nous VOYONS que Dieu a travaillé avec SOIN et en prenant du TEMPS, pour que tout soit BEAU. Il a travaillé jusqu'à ce que tout soit PARFAIT, et il ne s'est arrêté que lorsqu'il avait FINI. Il a fait ATTENTION au moindre petit détail et, une fois son travail terminé, il a pris le temps de se REPOSER, de se détendre et de SAVOURER la beauté de son travail.

Parmi toutes ces lettres, retrouve les mots qui figurent en majuscules dans le texte ci-dessus.

```
F M J A Z B G L S W O L Z D I
Y T W J T E P A H O N M U S M
E D F K G T E M P S I N O N M
A E A Y G Z E D F C A N T J E
U Q W J D Y H N M T H V F V N
K N D E I I H G T W W Q S F S
N U G Y T D G S Z I S B F E E
C J E U C F A J B L O W Y D S
R H B O G V E J E O Z N I G S
C E L Z O D T I A F R A P S Q
M F S U N C P Z U V D C Z N S
F U R O F C Y Y F W B P V O V
N E M L P T C I A K Y Q C Y Y
R B M O F E N P S I O X I O G
W B S N T I R K X V P W Q V K
```

Thème : Être sérieux

Retrouve ton chemin

Bobby essaie de rassembler tout ce qu'il peut nettoyer avec des produits qui font des bulles. À l'intérieur des bulles géantes, dessine ce que Bobby pourrait nettoyer, puis aide-le à trouver son chemin pour parvenir jusqu'à la bulle suivante.

Thème : Être sérieux

Récompenses ou conséquences

La manière dont nous faisons certaines choses est importante. Un travail bien fait peut être récompensé, c'est une bénédiction. Mais un travail bâclé peut avoir de fâcheuses conséquences.

Écris certaines conséquences positives ou négatives qu'il pourrait y avoir...

Si tu oublies d'arroser les plantes ....

Si tu laisses la casserole déborder ....

Si tu mets un minuteur pour les cookies qui sont dans le four ....

Si tu construis une cabane en respectant les plans ....

Si tu laisses ta chambre en désordre ....

Si tu nourris ton animal domestique ....

Si tu finis tes devoirs ....

Si tu oublies de laver le linge sale ....

Si tu balaies la saleté qui se trouve derrière ton lit ....

Si tu laisses traîner la vaisselle sale ....

Si tu te brosses les dents après chaque repas ....

Au royaume des animaux

Dieu nous donne de nombreux exemples de ce que peut être un travail sérieux à travers certains des animaux qu'il a créés.

Lis la liste des indices concernant les animaux.

Puis relie chaque animal à sa description.

1. Il grimpe haut dans les airs pour repérer de loin ses proies. Il a une très bonne vue. Il faut avoir une bonne vision des choses avant de commencer un travail, pour anticiper ce que nous voulons accomplir.

2. Il travaille dur pour construire sa maison en utilisant de gros arbres. Lorsque sa maison est détruite, il la reconstruit. Il se remet immédiatement au travail et ne s'arrête jamais.

3. Dès son plus jeune âge, il apprend à trouver des baies, des racines et des noix. Il apprend aussi à attraper des poissons, à chasser et à s'abriter du danger. Mais il doit s'exercer longtemps avant de pouvoir attraper son premier poisson.

4. Malgré sa toute petite taille, elle a une grande force de travail et la volonté d'aller au bout des choses. Elle passe la plus grande partie de son temps à rassembler de la nourriture et à prendre soin de son habitat. Lorsqu'une tâche est trop difficile pour elle toute seule, elle demande de l'aide, et ses amies viennent l'aider pour que le travail soit fait.

5. Lorsque la maman a pondu son œuf, le papa le garde au chaud et en sécurité sous son épaisse couche de peau, pendant environ 54 jours. Peu importe qu'il ait faim ou froid, il reste à veiller sur son œuf jusqu'à ce que le petit vienne au monde. Il lui faut beaucoup de patience et de sérieux pour persévérer jusqu'à ce que son petit naisse.

6. Son travail se caractérise par beaucoup d'efforts et un très grand sérieux. Elle travaille tellement dur qu'elle s'arrête rarement. Elle vit pour travailler et le fruit de son travail est très savoureux.

Thème : Être sérieux

Ce que font les autres

Voici un aperçu de quelques tâches que font certains enfants qui désirent être sérieux. Utilise les mots du tableau pour compléter les textes à trous.

tâches	sérieux
soin	chronomètre
semaine	entretien
ranger	dessert

Nous utilisons un _____ pour faire 10 à 15 minutes de rangement tous les jours.
— Julie, 9 ans

Une fois par _____, nous mangeons un _____ spécial, servi dans un plat sous lequel figure une liste de tâches que nous pourrons faire durant la semaine.
— Pierre, 10 ans

Dans notre famille, nous lisons chaque jour un chapitre du livre des Proverbes (de la Bible). Ce livre parle beaucoup de l'importance d'être _____.
— Elza, 8 ans

Chez nous, chacun est responsable de l'_____ d'une pièce de la maison en particulier.
— Alvin, 9 ans

Chaque semaine, nous choisissons les _____ que nous aimerions faire pour aider nos parents à la maison.
— Jean, 9 ans

Lorsque nous entendons une certaine musique en particulier, nous savons que c'est l'heure de tout _____ dans la maison.
— Adina, 8 ans

J'ai un animal de compagnie, donc j'apprends à être sérieuse en prenant _____ de lui.
— Lisa, 10 ans

Thème : Être sérieux

Missy Tètenlère

Quelle pagaille!

En rentrant de l'école, Missy pose son sac par terre, sort ses livres et laisse toutes ses affaires sur le bureau.

J'ai faim. J'ai envie d'un bon goûter! Hé, cette banane a l'air délicieuse. Et elle est délicieuse!

Bon, maintenant, j'ai tout mon temps. Je peux jouer, dessiner, peindre...

Un peu plus tard, Missy décide de se changer. Elle essaie une tenue, puis une autre, puis elle vide toute son armoire mais elle n'a pas le courage de tout ranger. Il y a beaucoup trop de travail!

Les enfants, à table!

Quoi? Déjà? Bon, mais il faut juste que je finisse de me coiffer.

Être sérieux, c'est remettre toujours les choses à leur place.

Ahhh, moi, je suis sérieuse. Mais qui a sorti tous ces habits, ces papiers et ces jouets et beurk, même une peau de banane?

Oups, c'était moi... Oh non! Qu'est-ce que je vais faire? Il y a du bazar partout. Et en plus, j'ai faim...

Thème : Être sérieux

Que ferais-tu?

- Que devrait faire Missy ?

- Et TOI, que ferais-tu à sa place ?

- Quelles sont les choses que tu sais faire sérieusement ?

- As-tu quelques idées qui t'aideront à être plus sérieux (sérieuse) ?

Que va-t-il arriver à Missy ? Dessine la fin de son histoire, telle que tu l'imagines.

Thème : Être sérieux

À toi de jouer

**Essaie ces petits exercices et jeux tout simples.
Ils t'aideront à travailler de plus en plus sérieusement.**

1 Crée des coupons valables pour des tâches spéciales que tu peux faire à la maison pour aider ta famille. Puis observe les effets positifs que ces coupons auront sur toi et sur ta famille.

2 Écris tous les jours ta propre liste de choses à faire. Au bout d'une semaine, vérifie si tu as accompli sérieusement toutes les tâches de tes listes. Comment te sens-tu lorsque tu as bien travaillé ?

1. Faire le lit
2. Faire ma vaisselle
3. Vider le lave-vaisselle
4. Aider avec le linge
5. Nourrir le chien
6. Vider la poubelle

3 Écris une liste de choses à faire chaque semaine. Lorsque tu as fait tout ce que tu avais écrit sur ta liste, accorde-toi une petite récompense, comme regarder ta série télévisée préférée, ou faire un goûter spécial, ou passer un moment particulier avec tes parents, etc.

4 La prochaine fois que tu verras tes amis, fais un petit sondage. Écris la liste de toutes les tâches que tu accomplis à la maison pour aider ta famille. Puis, regarde combien d'autres enfants aident également leur famille et quelles sont leurs tâches préférées. Que penses-tu des résultats que tu as obtenus ?

Thème : Être sérieux

Regarde l'horloge

Voici une activité que tu peux tester pour apprendre à mieux gérer ton temps.

Crée des horloges en papier qui t'indiqueront à quelle heure tu dois te lever, ou prendre ton petit déjeuner, ou t'habiller, ou partir à l'école, etc. Ensuite, place-les à côté d'une vraie horloge, si tu en as une chez toi, car elles t'aideront à ne pas oublier ce que tu dois faire. Tes horloges peuvent être très originales, et avoir une forme qui te fera penser à la tâche que tu dois faire.

Mon horloge me dit qu'il est l'heure de m'habiller. Alors, je ferais mieux de ne pas traîner!

Pas étonnant que j'aie faim. Mon horloge me dit que c'est l'heure du goûter!

Qu'est-ce que j'entends?... Oui, je sais, l'horloge me rappelle que je dois me brosser les dents!

Thème : Être sérieux

Un moment dans la prière

Lorsque tu veux prendre de nouvelles habitudes ou de nouvelles responsabilités, la meilleure des choses à faire, c'est de commencer par prier.

Voici quelques étapes pour ton moment de prière :

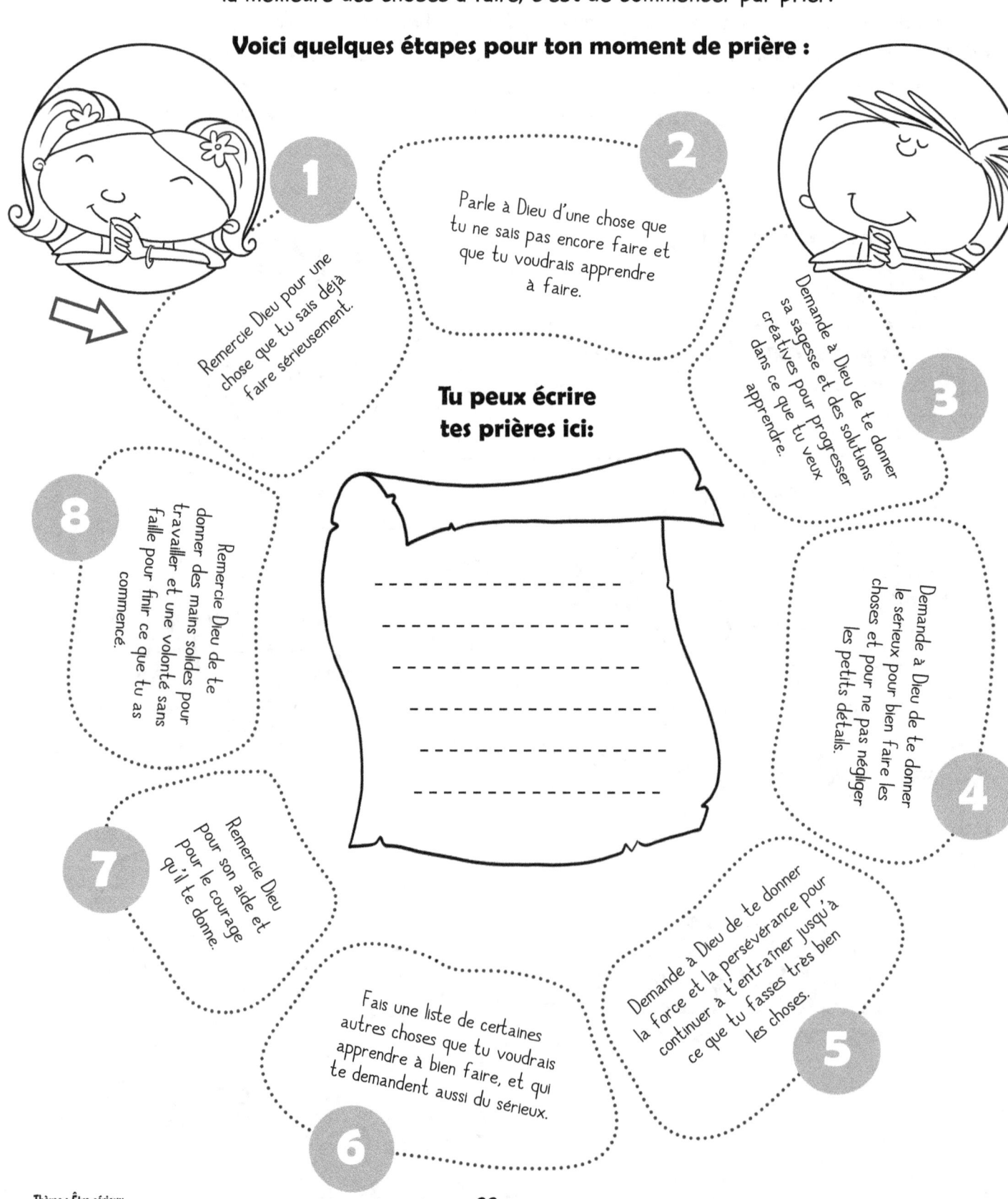

1. Remercie Dieu pour une chose que tu sais déjà faire sérieusement.

2. Parle à Dieu d'une chose que tu ne sais pas encore faire et que tu voudrais apprendre à faire.

3. Demande à Dieu de te donner sa sagesse et des solutions créatives pour progresser dans ce que tu veux apprendre.

4. Demande à Dieu de te donner le sérieux pour bien faire les choses et pour ne pas négliger les petits détails.

5. Demande à Dieu de te donner la force et la persévérance pour continuer à t'entraîner jusqu'à ce que tu fasses très bien les choses.

6. Fais une liste de certaines autres choses que tu voudrais apprendre à bien faire, et qui te demandent aussi du sérieux.

7. Remercie Dieu pour son aide et pour le courage qu'il te donne.

8. Remercie Dieu de te donner des mains solides pour travailler et une volonté sans faille pour finir ce que tu as commencé.

Tu peux écrire tes prières ici :

Thème : Être sérieux

Je prends des responsabilités

Lorsque tu veux prendre de bonnes habitudes ou progresser dans un certain domaine, cela peut être utile d'avoir une sorte de plan à suivre. Puisque nous parlons du sérieux et de la responsabilité, pourquoi ne pas lister ce qui pourrait t'aider à progresser dans ce domaine ?

Commence par la bulle numéro 1, et remplis toutes les bulles jusqu'à ce que tu atteignes ton objectif !

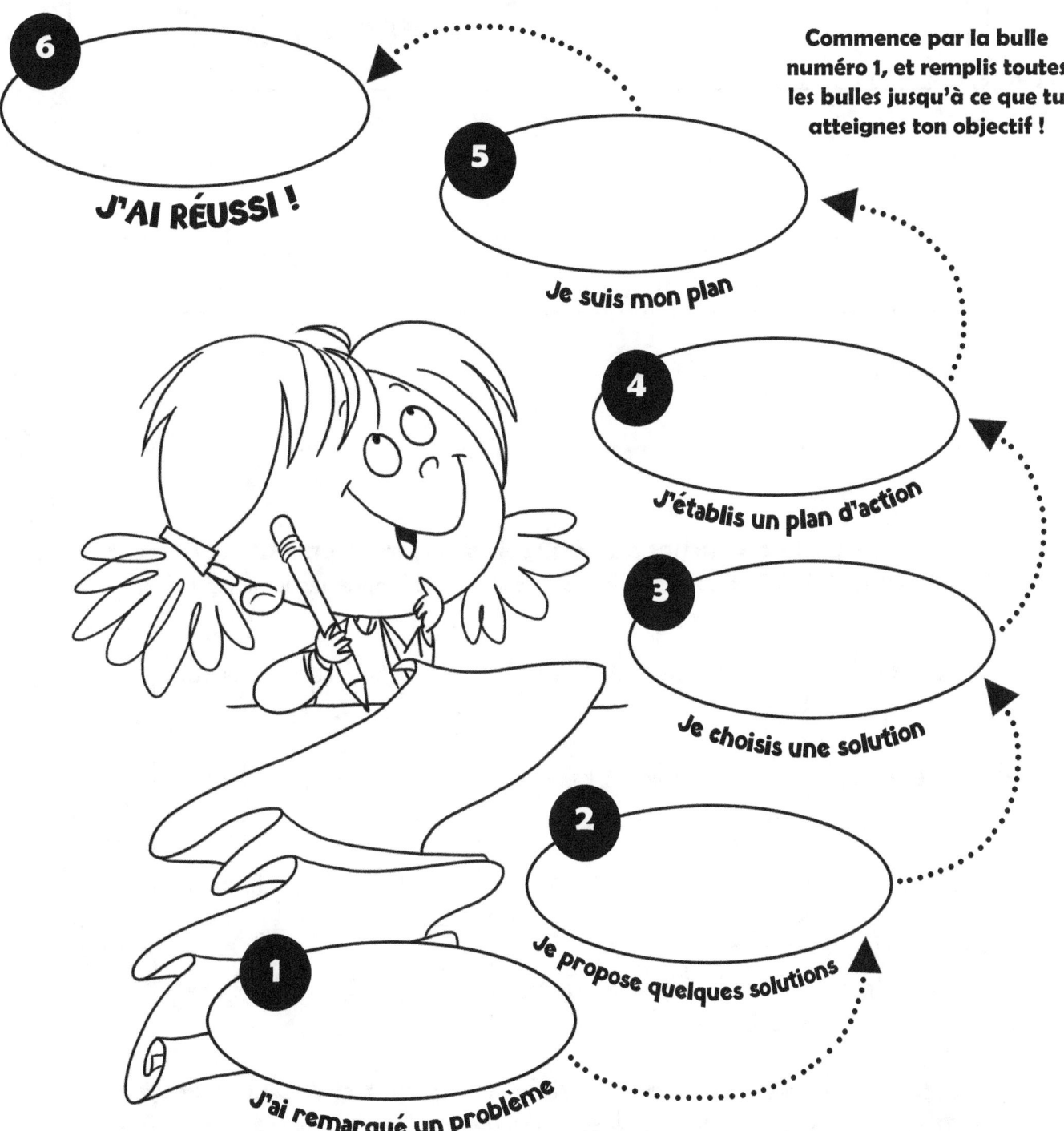

6 — J'AI RÉUSSI !
5 — Je suis mon plan
4 — J'établis un plan d'action
3 — Je choisis une solution
2 — Je propose quelques solutions
1 — J'ai remarqué un problème

Thème : Être sérieux

Petit jeu

Écris ton prénom sur les pointillés pour compléter la phrase ci-dessous. Puis forme autant de mots que possible à partir des lettres qui composent la phrase.

.... est fidèle!

....	....	....
....	....	....
....	....	....
....	....	....
....	....	....

Numérote ces tâches de 1 à 12 selon tes préférences.
(Le 1 sera la tâche que tu préfères et le 12 celle que tu apprécies le moins.)

Faire le lit ☐	Sortir la poubelle ☐	Ranger les jouets ☐
Nettoyer le lavabo ☐	Te brosser les dents ☐	Nettoyer les toilettes ☐
Passer l'aspirateur ☐	Faire la vaisselle ☐	Balayer ☐
Plier le linge ☐	Enlever la poussière ☐	Arroser les plantes ☐

Être fidèle, c'est bien faire son travail et le poursuivre jusqu'à ce qu'il soit terminé. C'est travailler de manière organisée, en se concentrant, et en effectuant une tâche après l'autre.

Thème : Être sérieux

Page à colorier

Colorie ce dessin qui représente une scène de la Bible.

Colorie ce dessin qui représente une scène de la Bible. Lorsque nous observons le monde que Dieu a créé, depuis les immenses océans jusqu'aux toutes petites fourmis, nous voyons que Dieu a travaillé avec soin et en prenant du temps, pour que tout soit beau.

Ce livret est une petite révision de ce que les enfants ont appris lors d'une leçon biblique et lors de discussions avec des adultes au sujet du thème indiqué. N'hésitez pas à adapter à votre propre situation ce qui vous semble utile.

La gratitude, c'est quoi?

Relie les phrases de manière originale au mot qui leur manque.

Je _____ et je remercie Dieu tous les jours !

souvent

J'_____ ma reconnaissance et ma gratitude lorsque quelqu'un m'offre quelque chose.

cartes

Je me réjouis pour les petites choses _____ et je ne cherche pas à posséder davantage de choses.

exprime

gentillesse

Je dis merci aussi _____ que possible.

simples

J'écris des _____ de remerciement à tous les amis qui m'ont offert des cadeaux à mon anniversaire.

Je fais preuve de _____ envers ceux qui ont été sympas avec moi.

loue

Thème : La gratitude

Pourquoi la gratitude?

Quels sentiments éprouverais-tu si tu offrais un cadeau à un ami et que cet ami te répondait?

Oh non, j'aurais voulu autre chose.

JE N'AIME PAS ÇA, JE N'EN VEUX PAS.

JE DOIS Y ALLER MAINTENANT!

Pourquoi ne m'as-tu pas fait un plus gros cadeau?

Qu'est-ce que tu as d'autre pour moi?

Ça, ce n'est pas un cadeau!

Comment te sentirais-tu ? Écris-le dans la bulle:

Thème : La gratitude

Je remercie Dieu

Écris dans les différentes formes certaines des choses pour lesquelles tu remercies Dieu.

Thème : La gratitude

Menons l'enquête

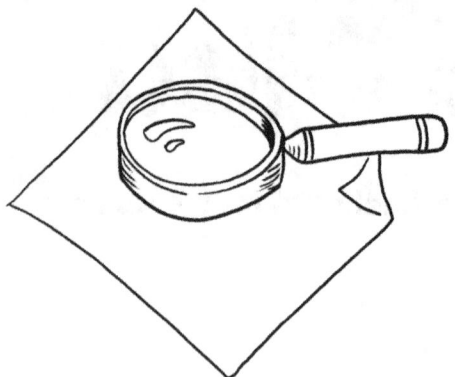

Lis ces histoires et relie chacune d'entre elle à la bulle qui donne la conclusion de l'histoire.

La couleur préférée de Linda est le violet. Alors, quand on lui a offert un oreiller à fleurs jaunes pour son anniversaire, elle était un peu déçue.

À tour de rôle, les enfants font la course avec des petites voitures mécaniques, mais il ne peut y avoir qu'un seul gagnant. Jamie a perdu. Il n'est arrivé que 16ème.

Lorsque Kelly a voulu s'inscrire pour des activités à l'école, il ne restait plus aucune place dans les groupes qui proposaient les activités qu'elle aimait et qu'elle aurait voulu choisir.

Aujourd'hui, à l'école, Stevie a échangé certaines de ses cartes préférées avec Carl. Mais il n'a pas eu celles qu'il espérait en échange.

Ce ne sont pas celles que je voulais vraiment, mais au moins j'ai quand même pu échanger quelques cartes.

La cuisine, ce n'est pas ce que je préfère, mais au moins je peux lécher les casseroles.

Pour une première course, ce n'est pas si mal. Et la prochaine fois, je réussirai mieux!

Ce n'est pas la couleur que je préfère, mais je suis très heureuse qu'on m'ait offert quelque chose dont j'avais vraiment besoin.

Thème : La gratitude

Dire « Merci ! »

Connais-tu différentes manières de dire « Merci » ? Demande à tes voisins ou à tes amis s'ils savent comment on dit « merci » dans d'autres langues et inscris ces différents mots sur les papiers ci-dessous.

Thème : La gratitude

Le bon côté

C'est parfois difficile de trouver des choses positives pour lesquelles nous pouvons être reconnaissants, surtout lorsque nous nous retrouvons dans une situation pénible ou désagréable.

Essaie de trouver quelque chose de positif dans chacune de ces situations négatives, et écris tes réponses au bas de la page.

1. J'ai beaucoup de devoirs à faire.
2. Personne ne veut jouer au ballon avec moi.

3. Il fait si froid dehors!

4. Mes jouets ne sont pas aussi géniaux que ceux de mes amies.

5. Je ne trouve plus mes chaussettes.

6. Je n'ai pas sommeil.
7. Ce n'est pas ma nourriture préférée.

1. Mais au moins j'ai la chance de pouvoir aller à l'école.
2. _____
3. _____
4. _____
5. _____
6. _____
7. _____

Thème : La gratitude

Lapins affamés

Trouve, dans chacun de ces légumes, le mot qui n'a rien à voir avec les deux autres, et recopie-le dans la case correspondante. Tu découvriras un message secret.

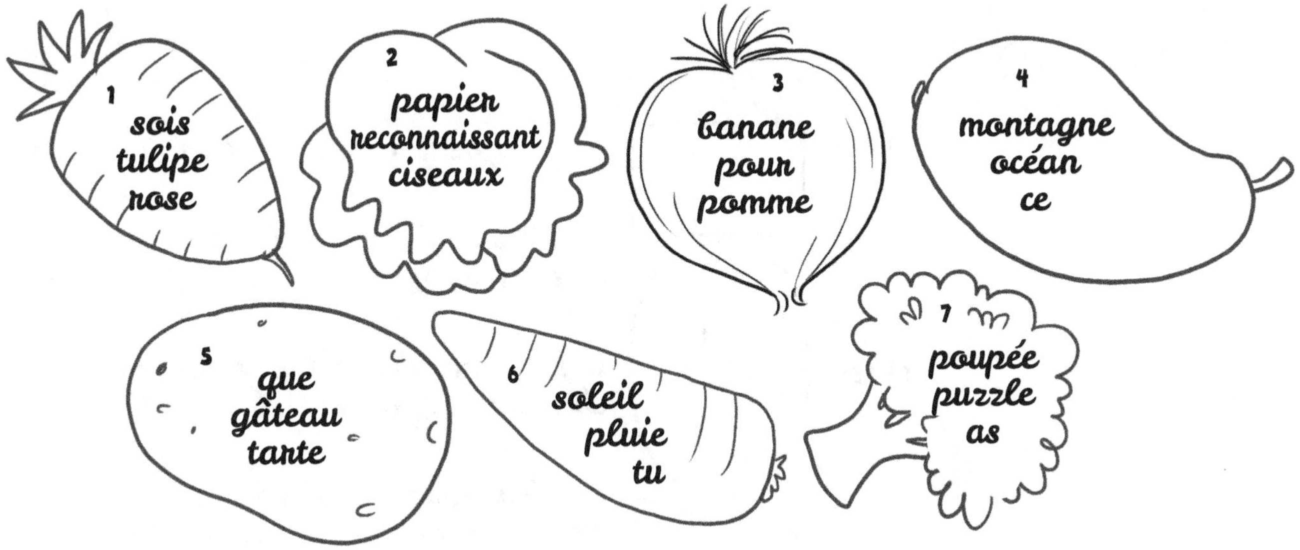

1. sois / tulipe / rose
2. papier / reconnaissant / ciseaux
3. banane / pour / pomme
4. montagne / océan / ce
5. que / gâteau / tarte
6. soleil / pluie / tu
7. poupée / puzzle / as

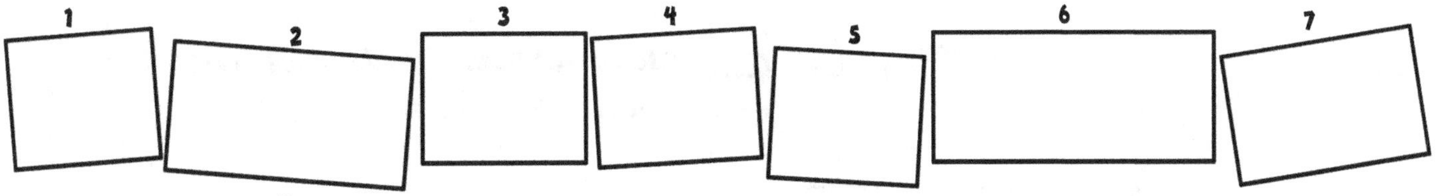

1	2	3	4	5	6	7

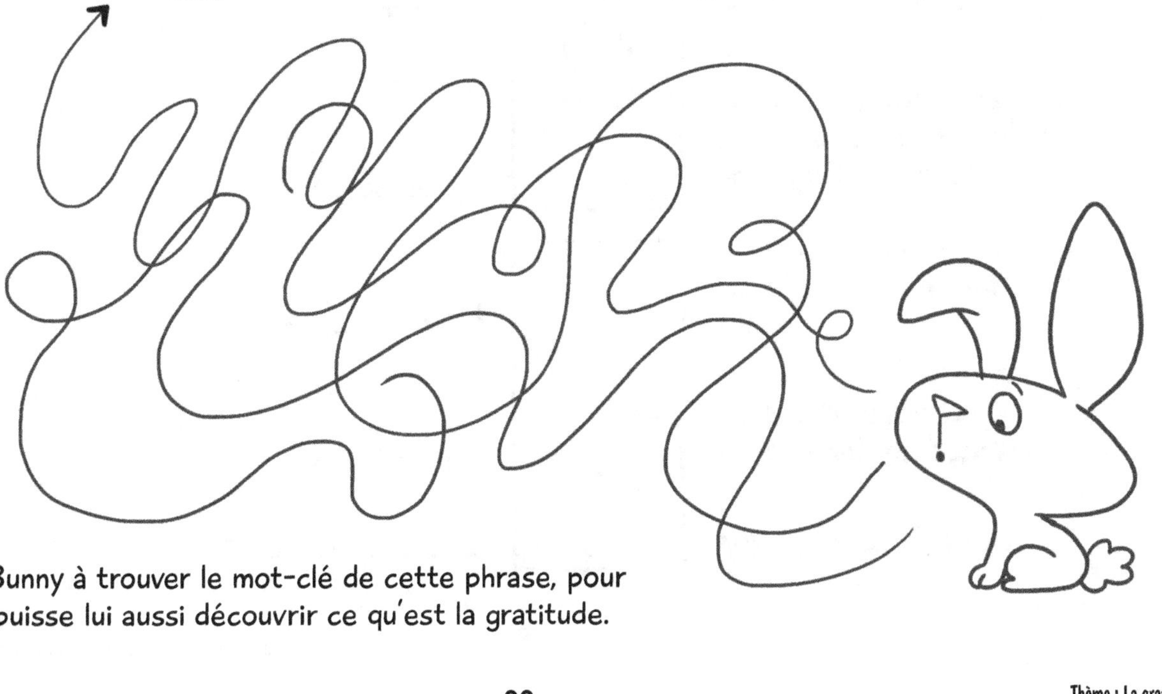

Aide Bunny à trouver le mot-clé de cette phrase, pour qu'il puisse lui aussi découvrir ce qu'est la gratitude.

Thème : La gratitude

Paroles de sagesse

Lis ces versets de la Bible* qui comprennent tous le même grand mot au milieu. Puis écris dans chaque lettre de ce mot une chose pour laquelle tu éprouves de la gratitude.

Dites **M** au Seigneur car il est bon. *Psaume 107:1*

Dites **E** à Dieu le Père, toujours et pour tout. *Éphésiens 5:20*

Dites **R** à Dieu de tout votre cœur, en chantant. *Colossiens 3:16*

C à Dieu pour ses bienfaits extraordinaires! *2 Corinthiens 9:15*

Dites **I** au Seigneur, chantez son nom. *Psaume 105:1*

Dites-lui toujours **M** *Colossiens 3:15*

Je chanterai pour toi et je ne me tairai pas. Seigneur, je te dirai toujours **E** *Psaume 30:12*

Tout ce que vous pouvez dire ou faire, faites-le en disant **R** à Dieu. *Colossiens 3:17*

Entrez dans sa présence en lui disant **C** *Psaume 100:4*

Quand je prie, je dis **I** à Dieu. *Philémon 1:4*

* les versets sont adaptés de la Bible Parole de Vie

Thème : La gratitude

La fête des sens

As-tu déjà loué et célébré Dieu pour la joie d'avoir tes cinq sens? As-tu déjà imaginé ce que serait la vie s'il te manquait l'un d'entre eux? Qu'est-ce que cela changerait pour toi? Lis les prières, puis relie-les de manière amusante aux dessins qui leur correspondent.

Cher Dieu, je te remercie pour les couleurs magnifiques d'un coucher de soleil.

Merci pour le chant des oiseaux, pour la musique et les rythmes que je peux faire en jouant de la batterie.

Merci Seigneur pour ma couverture polaire toute douce.

Merci pour le goût de ce délicieux chocolat noir.

Merci, Dieu, pour l'odeur incroyable du pain frais qui sort du four.

Merci, Dieu, pour tout ce que je peux savourer dans la vie.

Thème : La gratitude

Les leçons d'Ollie

LA FEUILLE

Les feuilles Les feuilles sont comme des petites usines qui fabriquent de la nourriture pour l'arbre. Les feuilles nous permettent de nous abriter à l'ombre et nous fournissent de l'oxygène, et elles contribuent à l'humidification du sol lorsqu'elles tombent. Elles ont aussi la tâche très importante de fournir de la nourriture au fruit.

A présent, imagine que tu es comme un arbre. Chaque fois que quelqu'un te dira quelque chose d'aimable, te remerciera ou t'exprimera son affection, une feuille supplémentaire poussera sur tes branches, afin de t'aider à produire un fruit encore plus délicieux.

? Le savais-tu ?

Il faut 50 feuilles pour faire une pomme. Il faut 12 feuilles pour produire un régime de bananes, et il faut généralement plus de 30 feuilles pour produire de nombreux autres fruits.

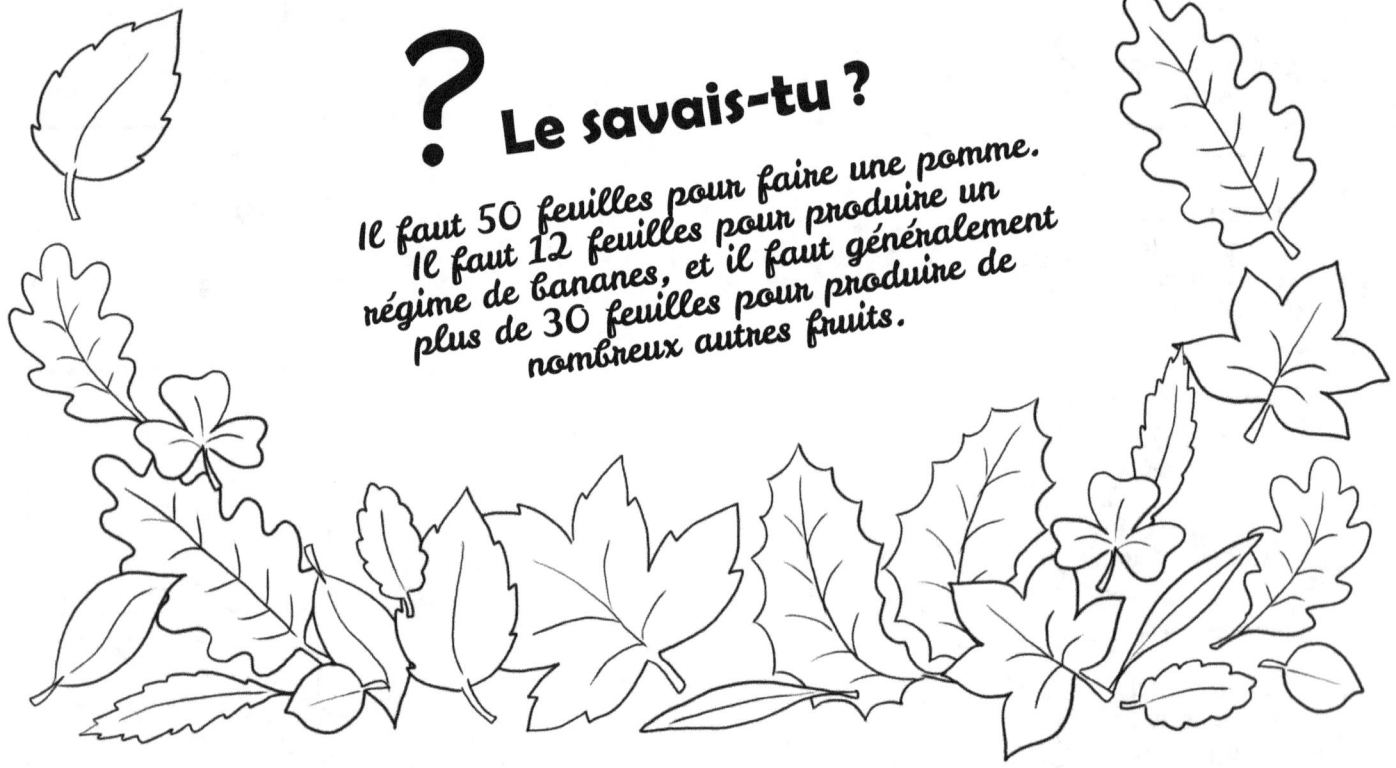

**Colorie de la même couleur les feuilles qui se ressemblent.
Trouve la feuille particulière qui ne ressemble à aucune autre.**

Thème : La gratitude

À ton tour!

1 Tu peux fabriquer ton propre "arbre de la gratitude". Crée le tronc et les branches de ton arbre en utilisant du papier kraft brun et suspend-le à une porte ou sur un mur. Dans du papier vert, découpe des feuilles que tu pourras coller sur ton arbre.

2 Chaque jour, écris une chose pour laquelle tu es reconnaissant (reconnaissante) et colle-la sur ton arbre. Tu peux écrire autant de choses que tu le souhaites, mais ne répète jamais deux fois la même chose.

3 Chaque fois que tu as placé 10 feuilles sur ton arbre, ajoute un fruit découpé dans du papier rouge ou orange.

4 Essaie de remplir ton arbre pendant une semaine, et compte combien de fruits tu as fait pousser sur ton arbre. Que ressens-tu en exprimant toute cette gratitude ?

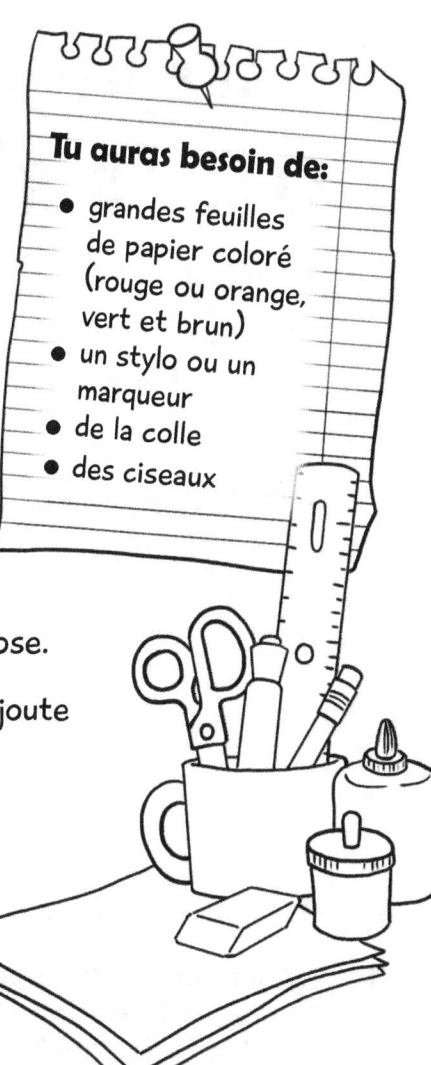

Tu auras besoin de:
- grandes feuilles de papier coloré (rouge ou orange, vert et brun)
- un stylo ou un marqueur
- de la colle
- des ciseaux

Écris dans ces feuilles quatre choses qui te viennent à l'esprit et pour lesquelles tu voudrais remercier Dieu.

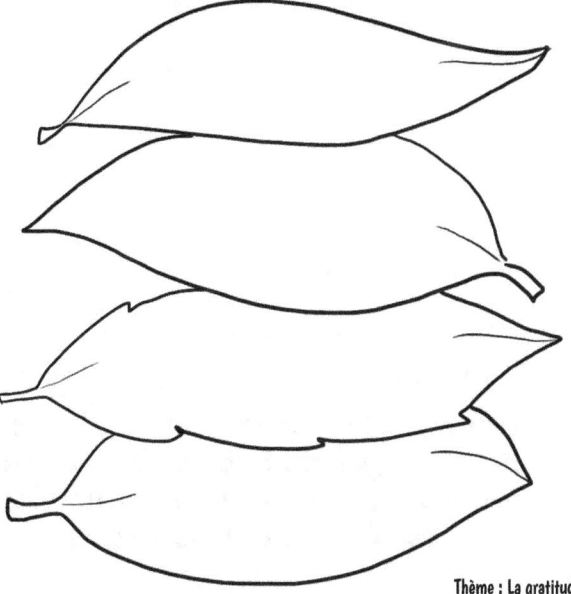

Thème : La gratitude

Illustre une histoire de la Bible

Lis cette histoire biblique, et amuse-toi à créer les illustrations qui l'accompagneront.

(Voir 1 Samuel 1-2)

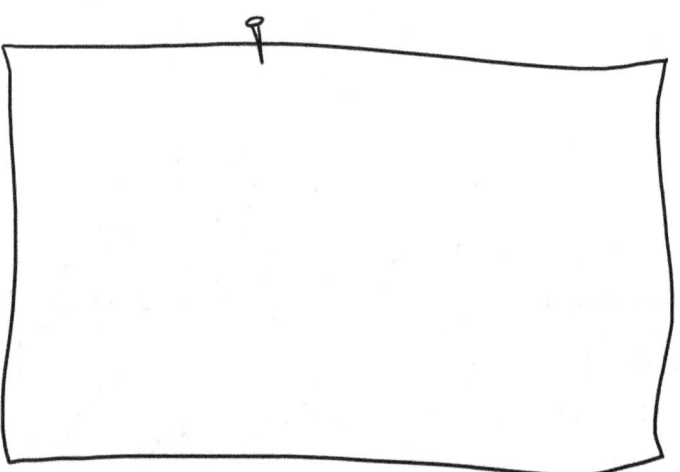

Anne s'efforçait d'être reconnaissante, mais c'était difficile pour elle parce qu'elle était très triste de ne pas avoir d'enfant. Un soir, Anne s'est rendue au temple pour prier.

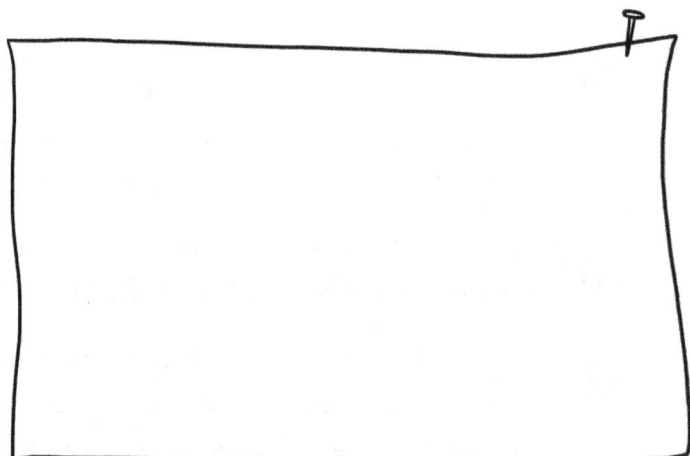

Elle a parlé à Dieu de son chagrin et de son souhait d'avoir un enfant. « Cher Dieu, si tu me donnes un fils, je te promets que je le laisserai te servir », a-t-elle dit.

Tôt, le lendemain matin, elle a adoré et remercié Dieu. Son cœur était rempli de joie et de gratitude parce qu'elle était sûre que Dieu avait entendu sa prière.

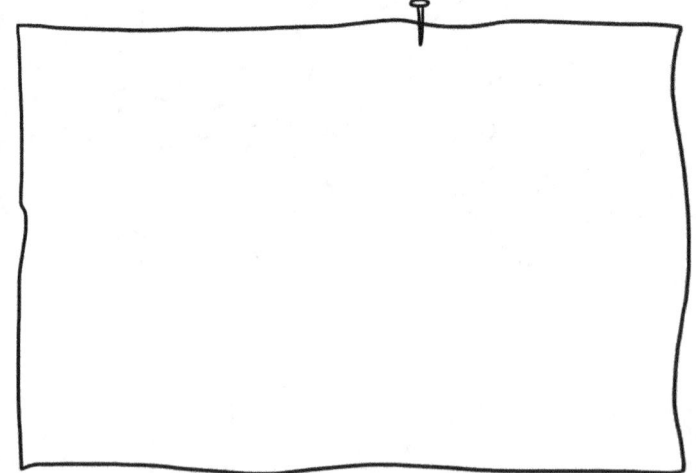

Un peu plus tard, quelque chose de merveilleux s'est produit ! Dieu a béni Anne et lui a accordé un fils. Elle l'a appelé Samuel. Anne a continué à louer et à remercier Dieu jusqu'à la fin de sa vie.

Thème : La gratitude

Mise en pratique

Salut ! Je suis Allie. Je vais t'aider à mettre la Parole de Dieu en pratique dans ta vie.

Dieu SAIT ce qui est le MEILLEUR pour nous et il a toujours une BONNE raison pour ne pas répondre à TOUTES nos prières, ou pas tout de suite. Mais nous pouvons tout de même le REMERCIER et nous montrer RECONNAISSANTS pour toutes les choses qu'il nous a déjà accordées et pour toutes ses BÉNÉDICTIONS.

Lorsque le petit Samuel était assez grand, Anne, sa maman, s'est rendue au temple et elle a dit au prêtre qu'elle allait laisser Samuel au temple pour qu'il puisse apprendre à devenir l'un des serviteurs de Dieu. C'est ainsi qu'Anne a voulu dire « MERCI » à Dieu d'une manière très spéciale.

Chacun a une manière personnelle d'exprimer sa reconnaissance ou sa gratitude. Écris de quelles manières tu pourrais montrer à Dieu que tu es reconnaissant(e) pour ce qu'il fait.

1.

2.

3.

4.

Thème : La gratitude

Page à colorier

Colorie ce dessin qui représente une scène de la Bible.

Dieu a béni Anne en lui accordant un fils. Elle a remercié et adoré Dieu, encore et encore. « Je te loue, Dieu ! Tu es merveilleux ! Tu es extraordinaire ! » a-t-elle dit.

Thème : La gratitude

Retrouve ton chemin

Aide ce garçon à trouver la gratitude en traversant ce labyrinthe. Quelles sont les choses qui peuvent nous aider à rester joyeux même lorsque tout ne se passe pas comme nous le voudrions ?

Max avait terriblement envie d'aller jouer avec son ami aujourd'hui, mais tout ne s'est pas passé comme il l'avait prévu.

...mais il est reconnaissant parce qu'il a déjà pu passer du temps avec son ami hier et qu'ils se sont bien amusés tous les deux.

Thème : La gratitude

Découvre le message

Il existe de nombreux moyens d'exprimer de la gratitude envers Dieu et envers les personnes qui t'entourent, mais tu peux commencer d'une manière toute simple. Découvre comment!

Colorie en ROUGE toutes les cases avec un point, et en JAUNE toutes les cases avec un carré. Quel est le message secret?

Thème : La gratitude

Rimes pour louer

Colorie de la même couleur les deux cases qui forment une rime. Puis ajoute une rime de ton invention au-dessous de chaque rime existante.

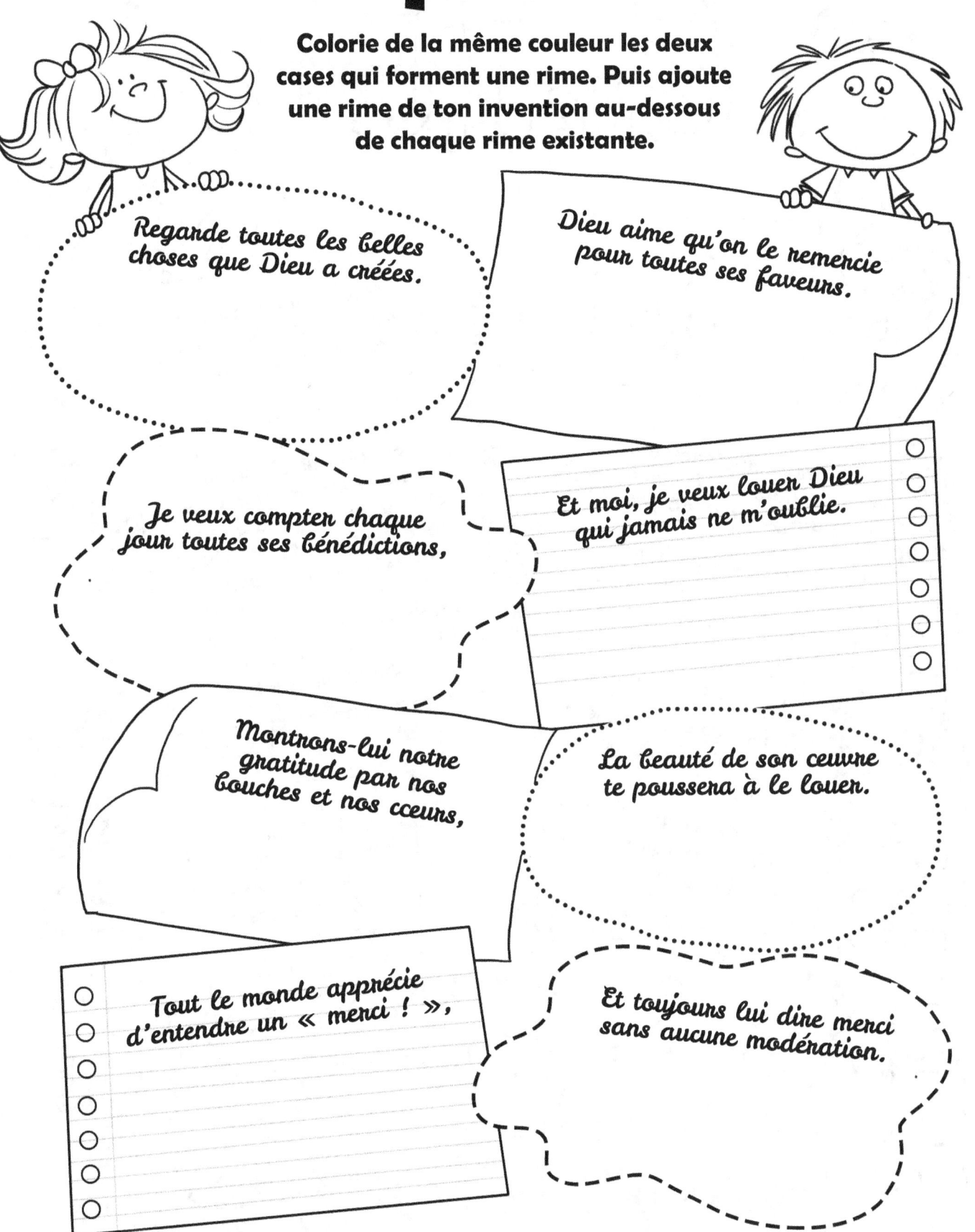

Regarde toutes les belles choses que Dieu a créées.

Dieu aime qu'on le remercie pour toutes ses faveurs.

Je veux compter chaque jour toutes ses bénédictions,

Et moi, je veux louer Dieu qui jamais ne m'oublie.

Montrons-lui notre gratitude par nos bouches et nos cœurs,

La beauté de son œuvre te poussera à le louer.

Tout le monde apprécie d'entendre un « merci ! »

Et toujours lui dire merci sans aucune modération.

Thème : La gratitude

Mon JOURNAL de Gratitude

Merci

Voici quelques idées qui t'aideront à commencer ton journal de gratitude :

1. Écris au sujet d'une personne qui t'a beaucoup encouragée dans la vie.

2. Exprime ta gratitude par un poème ou une histoire.

3. Partage une expérience qui te fait sourire lorsque tu y repenses.

4. Écris quelque chose qui te réjouit et qui te manquerait beaucoup si tu ne l'avais pas.

5. Exprime ta reconnaissance par une bande dessinée, un dessin ou une peinture.

Procure-toi un carnet de notes et fais-en ton journal de gratitude. Remplis une page chaque jour en racontant une chose pour laquelle tu es reconnaissant(e), quelque chose qui te procure de la joie, ou quelque chose qui te rend heureux(se). N'oublie pas de remplir ton journal de dessins et de détails amusants, ou de tout ce que tu auras envie d'exprimer et qui te ressemble.

6. Prends une photo de quelque chose que tu aimes et écris en détails toutes les raisons pour lesquelles cette chose est spéciale pour toi.

Say Thank you • HAPPY • SOURIS • bonheur • LA VIE makes me happy • Show your smile to everyone • Whenever I get sad, I look for the GOOD.

Thème : La gratitude

Les chemins vers la Gratitude

Rassemble les lettres qui se trouvent dans une même forme et reconstitue les mots, puis écris ces mots sur les lignes ci-dessous.

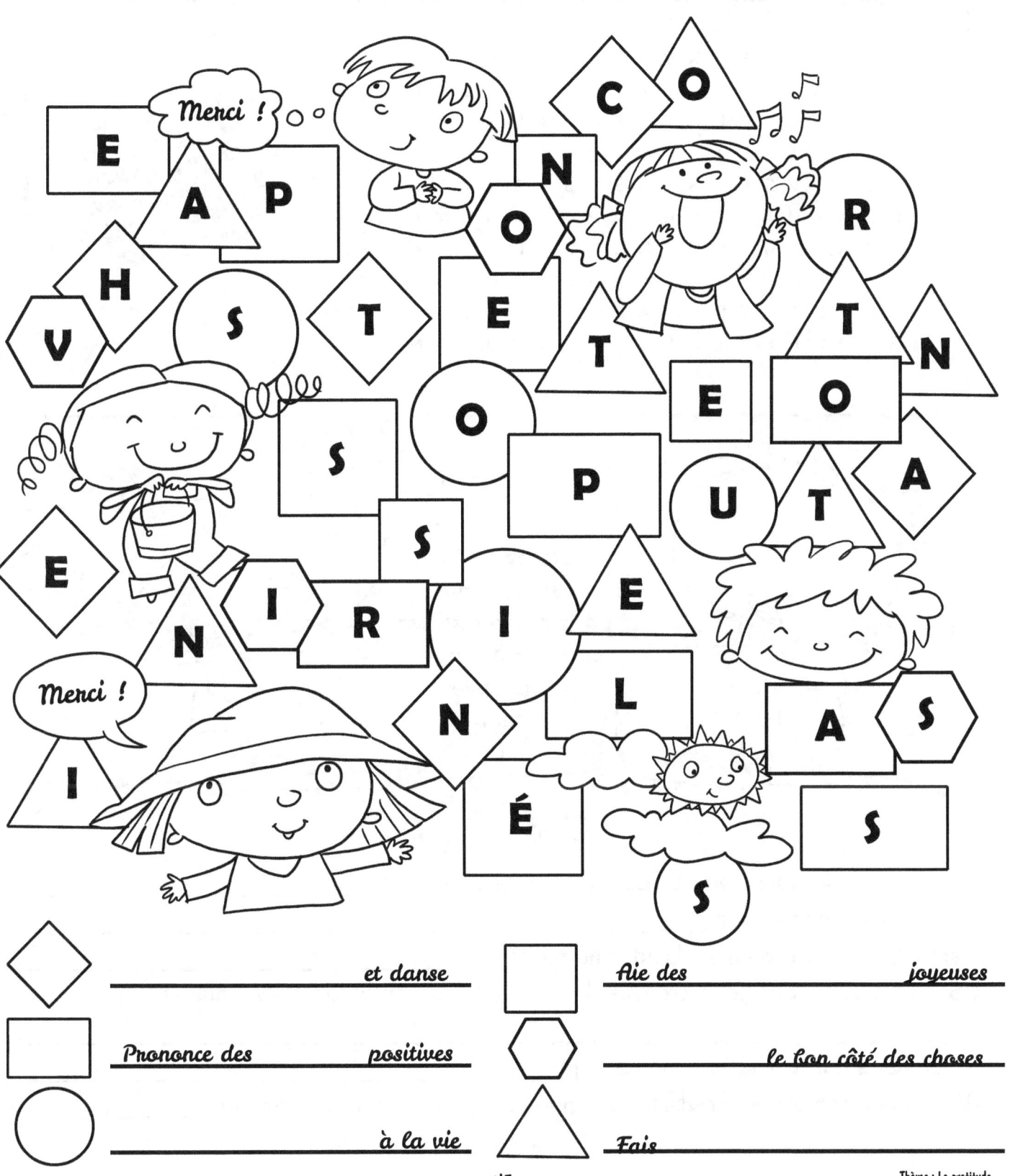

◇ _____ et danse

☐ Prononce des _____ positives

◯ _____ à la vie

☐ Aie des _____ joyeuses

⬡ _____ le bon côté des choses

△ Fais _____

Petite pause prière

Lis ce verset pour découvrir ce que la Bible déclare au sujet de nos moments de prière, puis, dans cette grille, entoure tous les mots soulignés du verset Psaume 95:2.

```
A G C E L V S Y W V L F E U A G C D C Y
D U C M F I N D P O Z E G J I H J G U F
O P D R I Y O F O B X E G N A U O L V H
S E U E I Q L T U H B X Q N V E R S Q G
C E G Q V S L Y S A O S T J C T Y A F P
C R M Z H A A I S E B A P O Y X G B Y F
R X A U J O N O O Q N C C I V W S C I L
S E D B A D A T N T E E S E T Q G A U P
D B G J T S T P S V A U Q E Y Q O I E W
G V O O R E P T A L B I P L T H Q K R M
```

Allons au-devant de lui avec la louange, poussons vers lui des cris de joie en chantant des psaumes.

Remplis les espaces blancs pour personnaliser cette prière avec tes propres mots.

Cher Dieu,

Je te remercie parce que tu es bon et que tu es _____.

Merci de m'avoir donné _____.

Parfois, j'ai envie de me plaindre au sujet de _____.

S'il-te-plaît, aide-moi à trouver des manières de te louer, même quand je me sens _____.

Aide-moi à cultiver la joie même si je _____.

Aide-moi à remarquer toutes les bonnes choses qui m'entourent et _____.

Amen.

Thème : La gratitude

À toi de jouer

Essaie ces petits exercices et jeux tout simples. Ils t'aideront à t'exercer à la gratitude.

1. Décore une feuille de papier puis écris un petit courrier pour dire « merci » à quelqu'un afin de lui exprimer ta gratitude. Explique à cette personne pourquoi tu es reconnaissant(e) de le ou la connaître et dessine les sentiments qui t'inspirent.

2. Vous aurez besoin de deux dés pour cette activité. Sur les 6 faces du premier dé, colle un papier de couleur, une couleur différente sur chaque face. Lance les deux dés. Le premier te donnera le nombre de sujets pour lesquels tu pourras remercier Dieu, et le deuxième te donnera la couleur des choses pour lesquelles tu pourras remercier Dieu.

3. Écris le mot GRATITUDE en haut d'une feuille de papier. Sous le « G », écris des choses pour lesquelles tu es reconnaissant(e) et dont le nom commence par un « G ». Par exemple : guitare, grand-père, etc. Puis continue à écrire des mots en dessous de chaque lettre du mot « GRATITUDE ».

4. Utilise une balle légère que tu lanceras à tes amis. Chaque fois que tu attrapes la balle, cite quelqu'un ou quelque chose que tu apprécies. Puis passe la balle à un autre joueur. Tu peux jouer aussi longtemps que tu veux, jusqu'à ce que chacun ait eu de nombreuses occasions de dire toute sa gratitude et sa reconnaissance.

Thème : La gratitude

En route vers le progrès

Lorsque tu veux prendre de bonnes habitudes ou progresser dans un certain domaine, cela peut être utile d'avoir une sorte de plan à suivre. Dresse une liste de ce qui peut t'aider à cultiver la gratitude.

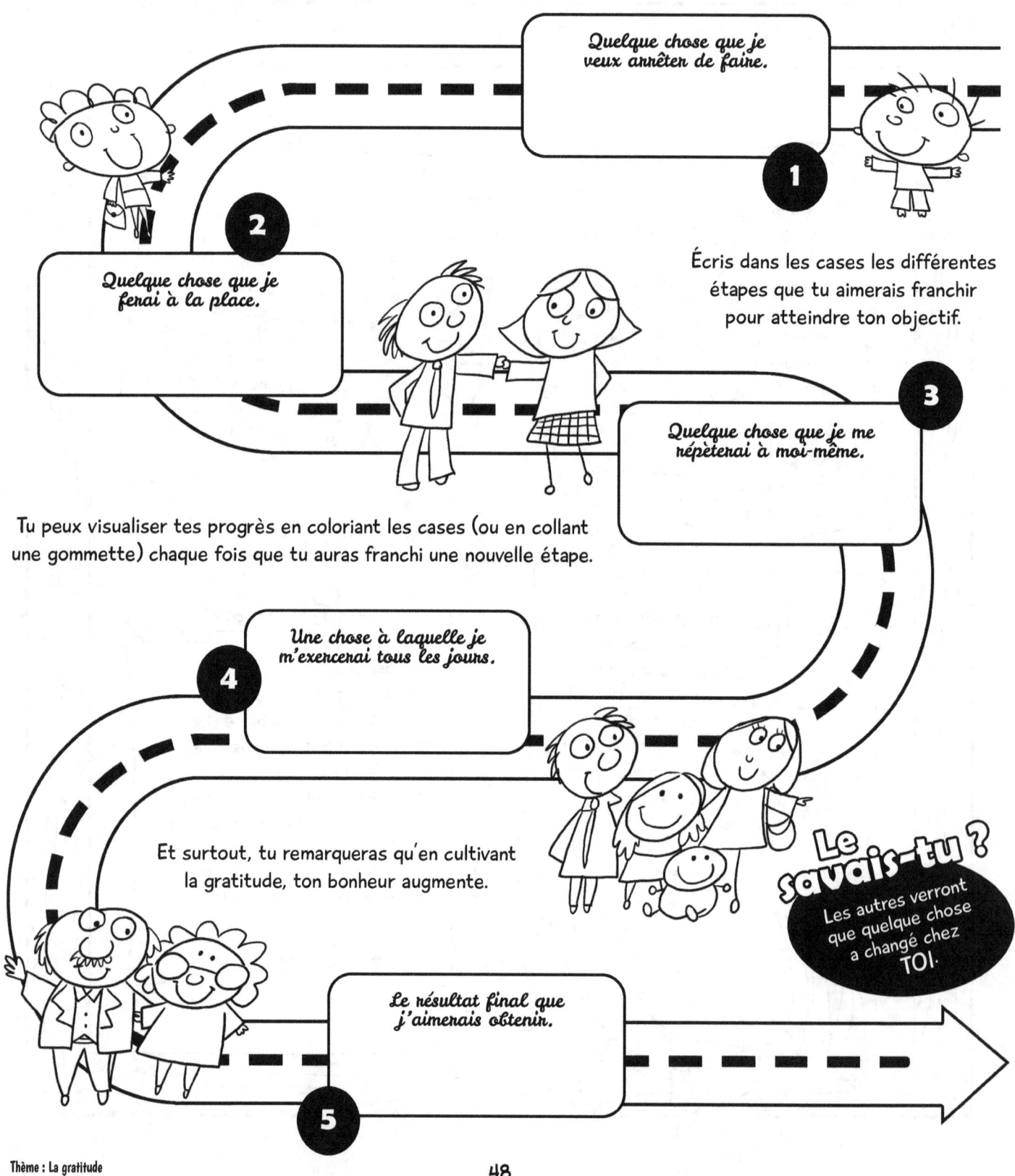

1 Quelque chose que je veux arrêter de faire.

Écris dans les cases les différentes étapes que tu aimerais franchir pour atteindre ton objectif.

2 Quelque chose que je ferai à la place.

3 Quelque chose que je me répéterai à moi-même.

Tu peux visualiser tes progrès en coloriant les cases (ou en collant une gommette) chaque fois que tu auras franchi une nouvelle étape.

4 Une chose à laquelle je m'exercerai tous les jours.

Et surtout, tu remarqueras qu'en cultivant la gratitude, ton bonheur augmente.

Le savais-tu ? Les autres verront que quelque chose a changé chez TOI.

5 Le résultat final que j'aimerais obtenir.

Thème : La gratitude

Flip et Flop

La gratitude, c'est savoir dire merci et montrer que nous apprécions même les toutes petites choses qui semblent sans importance.

Ce livret est une petite révision de ce que les enfants ont appris lors d'une leçon biblique et lors de discussions avec des adultes au sujet du thème indiqué. De nombreuses discussions avec ses parents seront nécessaires à l'enfant pour apprendre à reconnaitre et maitriser ses émotions. N'hésitez pas à adapter à votre propre situation ce qui vous semble utile.

Thème : La maîtrise de soi

Pourquoi ?

Relie les textes aux illustrations qui leur correspondent et découvre pourquoi il est important de savoir se maîtriser. Puis remplis les bulles en imaginant ce que chaque personnage pourrait dire.

La maîtrise de soi, c'est apprendre à maîtriser nos émotions, et cela nous aide à maîtriser nos pensées et nos attitudes.

La maîtrise de soi est une qualité importante que tout le monde devrait acquérir.

Cela signifie avoir la maîtrise de nos propres actes.

C'est apprendre à distinguer entre le bien et le mal et s'exercer à choisir ce qui est bien pour la situation.

Thème : La maîtrise de soi

Dans un bocal

Découvre cette idée originale ! Et lorsque ton bocal sera plein, accorde-toi une petite récompense en mangeant ton goûter préféré.

1. Prends un bocal qui ne te sert plus à rien.
2. Décore-le avec des stickers, des rubans, des paillettes ou des papiers colorés.
3. Fais une réserve de cailloux d'assez bonne taille (mais assez petits pour entrer dans le bocal).
4. Chaque fois que tu maîtrises tes paroles, tes émotions, ta colère ou tes actes, prends un caillou et, à l'aide d'un marqueur, écris sur le caillou ce que tu as pu maîtriser.
5. Puis mets le caillou dans le bocal.
6. Regarde ton bocal assez souvent pour visualiser tes progrès.
7. Réfléchis à ce que tu ressens lorsque tu constates que tu te maîtrises de mieux en mieux.

Comment est-ce que je vais ?

Thème : La maîtrise de soi

Des choses à maîtriser

Il existe différentes manières de rester maître de soi. Regarde les quelques exemples ci-dessous et ne colorie que les dessins montrant des enfants qui se maîtrisent.

Dès le plus jeune âge

Si tu peux appendre à te maîtriser dès ton plus jeune âge, alors tu auras plus de facilité à faire des choix lorsque tu grandiras. As-tu remarqué qu'en grandissant, on doit faire des choix de plus en plus importants ?

Relie les dessins aux textes qui leur correspondent.

L'adulte — choisit ses habits.

Le bébé — choisit une épouse.

L'ado — choisit son goûter.

L'enfant — choisit de dire « non ! »

Thème : La maîtrise de soi

Comprendre pourquoi

Comment te sens-tu lorsque quelqu'un te dit « non » ou « plus tard » ?
Ce n'est pas toujours évident lorsque les choses ne se passent pas comme tu le voudrais.
Mais voici quelques-unes des raisons pour lesquelles on peut te répondre « non » ou « plus tard ».
Tu arriveras peut-être mieux à l'accepter si tu comprends pourquoi on te répond ainsi.

Dans chaque case, remets les lettres dans l'ordre pour reconstituer un mot, puis utilise ces mots pour remplir le texte ci-dessous.

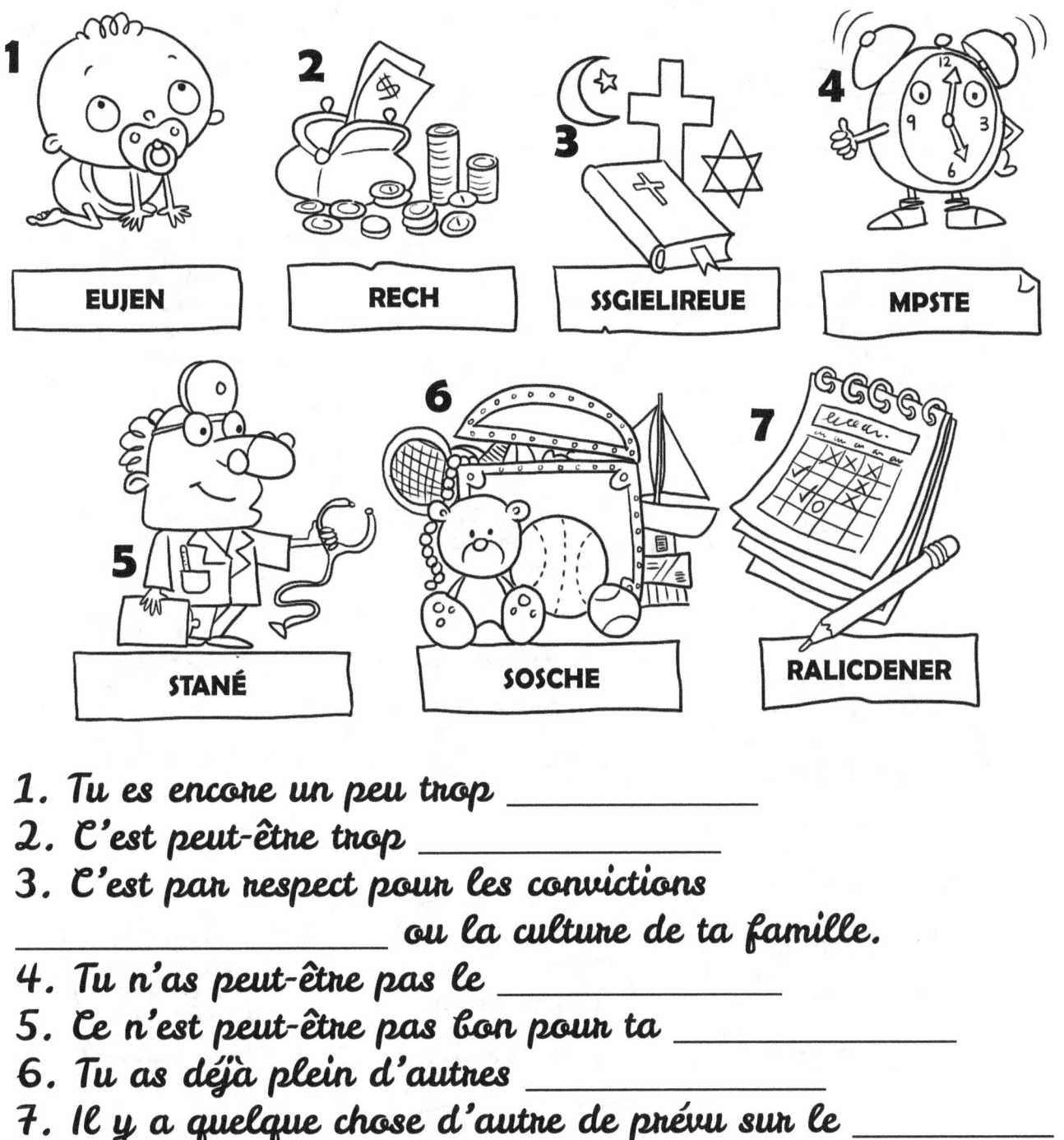

1. EUJEN
2. RECH
3. SSGIELIREUE
4. MPSTE
5. STANÉ
6. SOSCHE
7. RALICDENER

1. Tu es encore un peu trop _____
2. C'est peut-être trop _____
3. C'est par respect pour les convictions _____ ou la culture de ta famille.
4. Tu n'as peut-être pas le _____
5. Ce n'est peut-être pas bon pour ta _____
6. Tu as déjà plein d'autres _____
7. Il y a quelque chose d'autre de prévu sur le _____

Thème : La maîtrise de soi

Fais ton choix

Si on t'a refusé quelque chose, l'une des manières de maîtriser ta contrariété consiste à chercher une autre solution.

Voici quelques idées que tu pourrais essayer.

Même si on t'interdit quelque chose, garde ta bonne humeur et dis…

…attends ton tour.

Propose-toi pour faire quelques corvées supplémentaires…

…qui fera sourire les autres.

Si on t'a répondu « peut-être »…

…« j'aimerais beaucoup l'avoir, mais bon, tant pis. »

Sois patient(e) et…

… pour gagner l'argent qui te permettra de t'offrir ce que tu voulais.

Trouve quelque chose…

… d'autre à faire à la place.

Propose de faire quelque chose de vraiment super…

…tu pourras reposer gentiment la question un peu plus tard.

Thème : La maîtrise de soi

Des scénarios tentants

Dessine trois anecdotes que tu as vécues et qui ressemblent aux scénarios que tu découvriras ci-dessous.

Certains choix peuvent être tentants parce qu'ils nous font envie ou parce qu'ils semblent faciles. Mais attention, le plus tentant n'est pas toujours ce qu'il y a de meilleur pour toi.

1. *Tu voudrais aller jouer avec un(e) ami(e), mais tu dois d'abord terminer tes devoirs.*

2. *Tu remarques que les autres ont des jeux ou des gadgets que tu aimerais bien avoir aussi.*

3. *Tu dois sortir la poubelle, mais tu préférerais continuer à jouer.*

4. *Tu vas au restaurant et tu vois tant de nourriture délicieuse que tu as envie de tout manger.*

5. *Tu voudrais aller te coucher, mais tu n'as pas encore brossé tes dents.*

6. *L'un(e) de tes ami(e) a la chance de faire des activités spéciales ou d'aller dans des endroits formidables, et tu aimerais bien avoir la même chance.*

Thème : La maîtrise de soi

Un verset Biblique

Lis les indices qui te permettront de remplir les cases vides. Puis remets tous les mots dans l'ordre pour reconstituer un verset biblique.

1. Forme rouge qui symbolise l'amour.
2. Ce mot rime avec « bout ».
3. Contraire de « par-dessous ».
4. Contraire de « sous ».
5. Contraire de « mon ».
6. Contraire de « lendemain ».

___-_____
____, _____
___ ___ _____.

Thème : La maîtrise de soi

Bien ou mal ?
Difficile ou facile ?

Lis les scénarios suivants et entoure les deux lettres qui selon toi, correspondent à ces scénarios.

B = bien / M = mal
D = difficile / F = facile

B M D F
Tout faire comme les autres enfants pour que personne ne se moque de toi.

B M D F
Économiser de l'argent pour pouvoir acheter ce dont tu as réellement besoin, même si tu vois ton jeu préféré dans un magasin.

B M D F
Tu dois étudier pour un test, mais tu décides plutôt de faire la grasse matinée.

B M D F
Essayer quelque chose de nouveau, quelque chose que tu n'as jamais fait avant.

B M D F
Il y a un petit mot où il est écrit : « Un seul biscuit par personne ! », mais tu as très faim alors tu en manges deux.

B M D F
Demander pardon, même si c'est embarrassant.

As-tu remarqué que, bien souvent, faire le bien revient à faire des choses difficiles ? Cela montre à quel point nous avons du mal à nous maîtriser et à faire ce qui est juste.

Thème : La maîtrise de soi

Apprendre à se maîtriser

**Dans chaque ballon, trouve le mot qui n'a rien à voir avec les deux autres.
Puis écris tous ces mots pour reconstituer le texte ci-dessous.**

La _____ de soi, c'est lorsque je _____
         1   2

d'_____ de _____ quelque chose de ____
      3   4   5

ou qui _____ être _____ pour
            6   7

moi ou pour ____ _____ .
                    8

Thème : La maîtrise de soi

Ma journée

Dessine certains exemples de choses que tu sais faire pour te maîtriser tout au long de la journée.

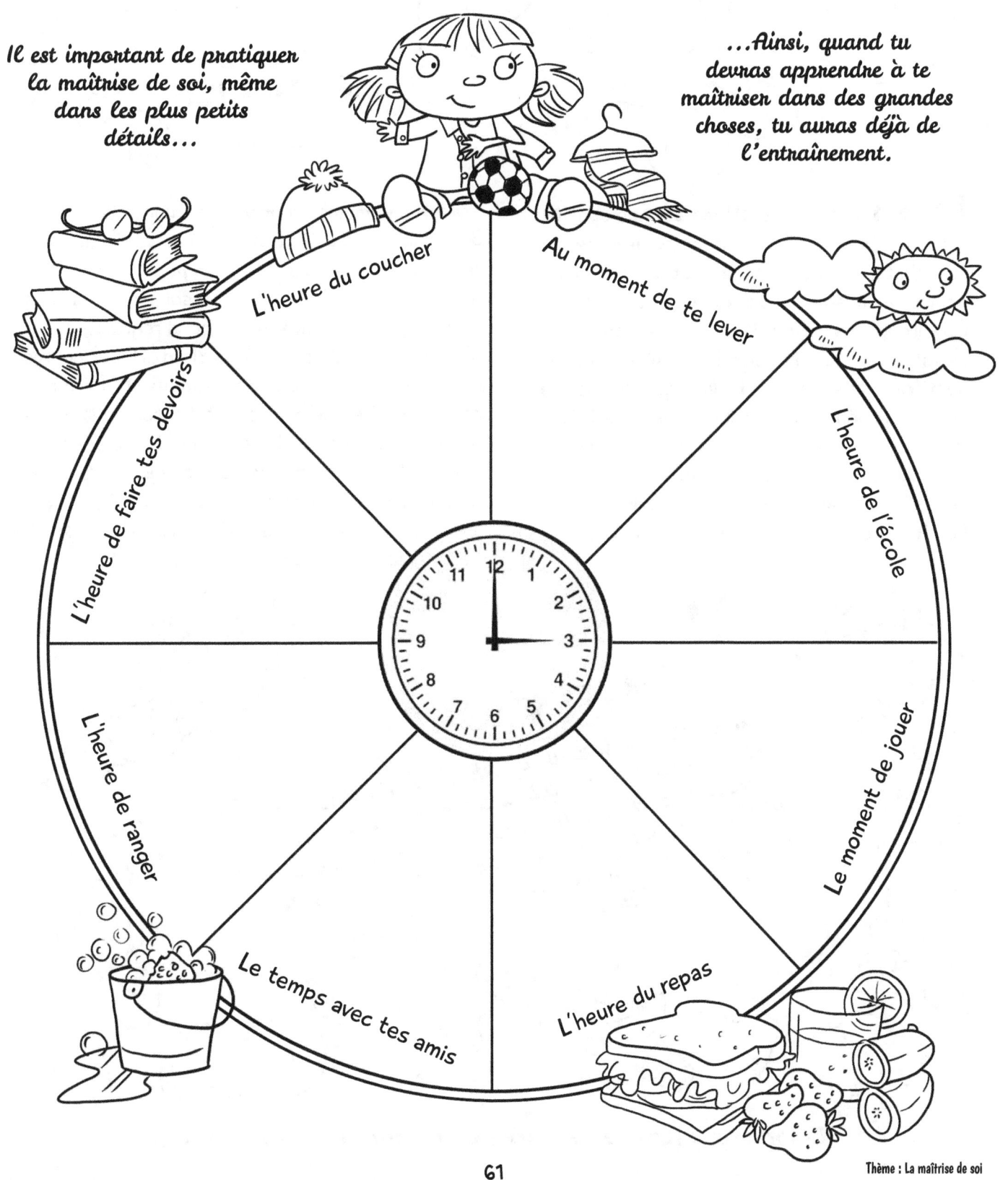

Il est important de pratiquer la maîtrise de soi, même dans les plus petits détails…

…Ainsi, quand tu devras apprendre à te maîtriser dans des grandes choses, tu auras déjà de l'entraînement.

Thème : La maîtrise de soi

Les leçons d'Ollie

LE TUBE DE DENTIFRICE

Les tubes de dentifrice sont des petites choses très utiles. En pressant sur le tube d'un seul geste, tu peux obtenir tout le dentifrice dont tu as besoin. Tu peux mettre le tube à l'envers et le secouer dans tous les sens, le dentifrice reste à l'intérieur. Le tube empêche le dentifrice de sécher, et il évite que des germes ne contaminent le dentifrice. Mais il y a très longtemps, le dentifrice était présenté dans des pots ou des récipients, et tous les membres de la famille plongeaient leur brosse dans ce pot. Les tubes de dentifrice sont formidables, mais il y a quand même un problème : une fois que le dentifrice est sorti du tube, on ne peut plus le remettre à l'intérieur. C'est un peu comme lorsque nous manquons de maîtrise de soi. Nous pouvons dire ou faire des choses que nous regretterons plus tard, mais il sera impossible d'effacer ce que nous aurons fait. Par exemple, nous ne pouvons pas reprendre des paroles méchantes ou impolies, même si nous demandons pardon. La personne se souviendra de nos paroles et parfois le cœur d'une personne met longtemps à guérir. C'est pourquoi il est important de nous maîtriser. Cela nous évite de faire le mauvais choix.

? Le savais-tu ?

En 1892, le docteur Washington Sheffield a écouté son fils qui lui disait que le dentifrice pourrait peut-être se présenter sous la forme d'un tube, comme les tubes de peinture utilisés par les artistes. C'est ainsi qu'il a trouvé un moyen de faire la même chose avec le dentifrice.

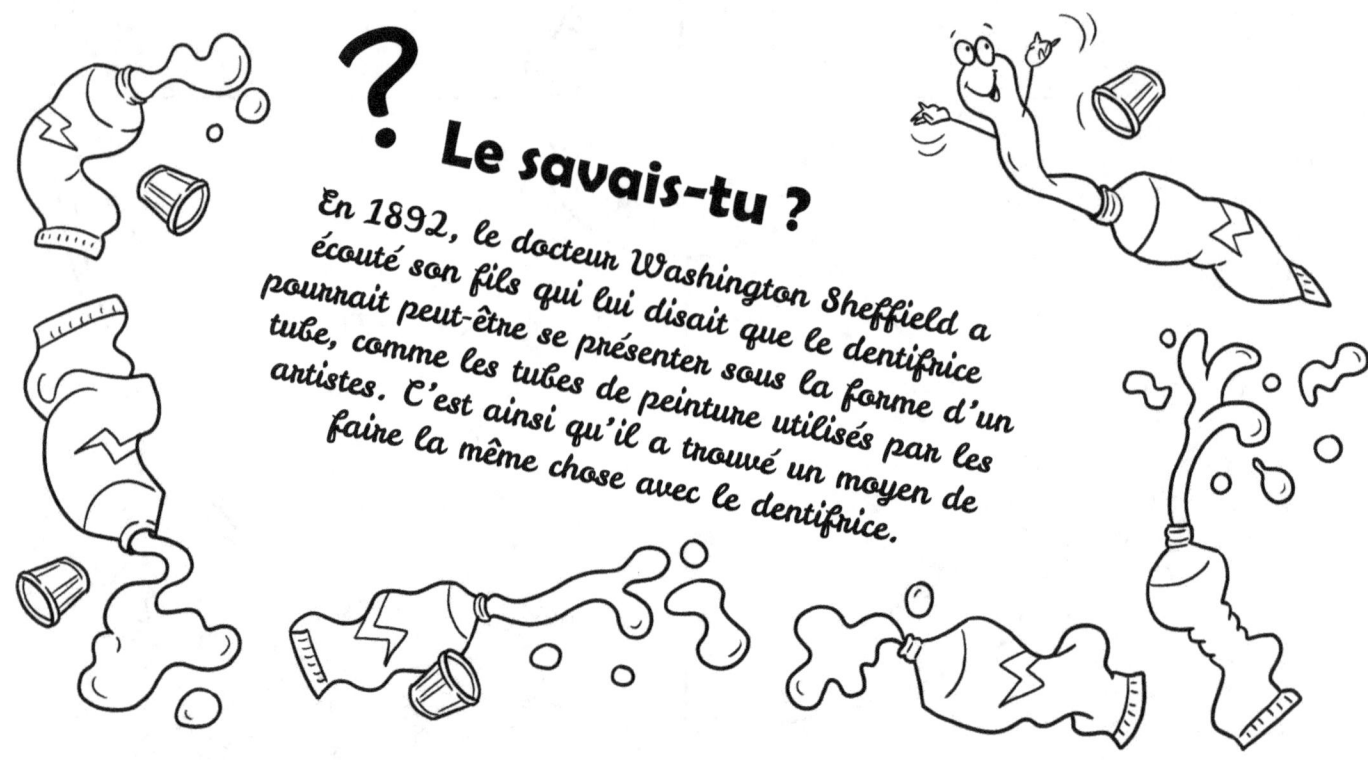

Colorie ces tubes de dentifrice en créant tes propres motifs.

Thème : La maîtrise de soi

À ton tour !

1 Prends une assiette en carton et un tube de dentifrice. Presse le tube pour faire sortir tout le dentifrice dans l'assiette. Essaie d'appuyer plus ou moins fort, plus ou moins vite, pour voir comment le dentifrice sortira.

2 Ensuite, essaie de remettre le dentifrice à l'intérieur du tube. As-tu réussi à le faire ?

3 Puis, pense à ce que tu pourrais faire avant de perdre le contrôle et de dire ou de faire de mauvaises choses, ou avant de vider tout un tube de dentifrice. Souviens-toi qu'il faudra que tu répares les dégâts que tu auras causés (et que tu nettoies le bazar que tu auras fait), et ce ne sera peut-être pas facile.

Tu auras besoin de :

- un tube de dentifrice
- une assiette en carton

Quelles paroles positives aimerais-tu faire sortir de ta bouche ? Écris certaines paroles positives qui te viennent à l'esprit.

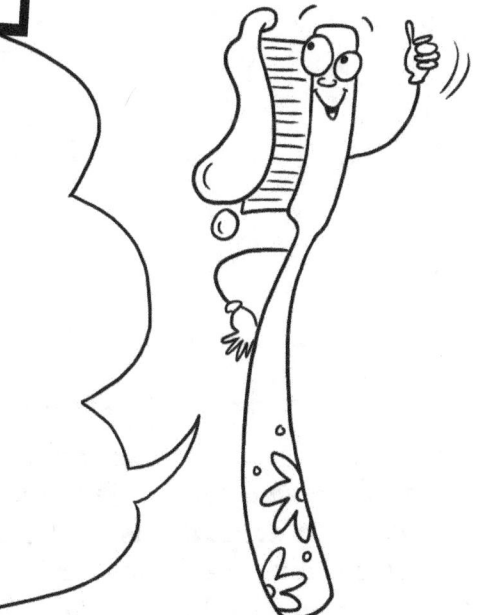

Thème : La maîtrise de soi

Illustre une histoire de la Bible

Lis cette histoire biblique, et amuse-toi à créer les illustrations qui l'accompagneront.

(Genèse 2:4-3:24)

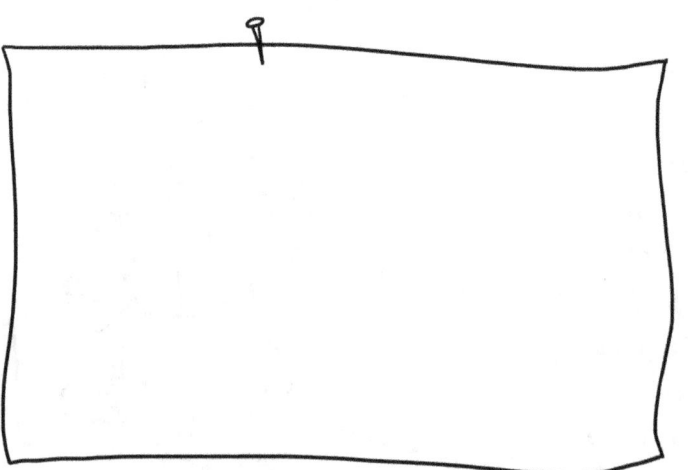

Les toutes premières personnes créées par Dieu étaient Adam et Ève. Dieu leur avait donné tout ce qu'il avait créé, pour qu'ils puissent en profiter ; ils pouvaient admirer les chiots et les chatons, les lions et les ours.

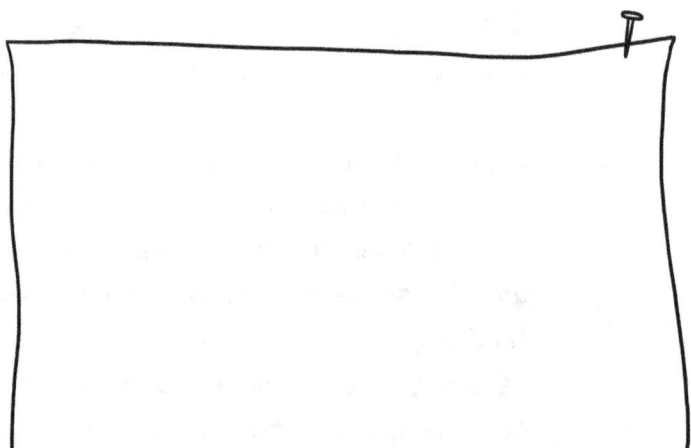

Pour se nourrir, ils pouvaient cueillir les fruits de tous les arbres du jardin, sauf un. Car il y avait un arbre particulier qui produisait un fruit que Dieu leur avait interdit de manger.

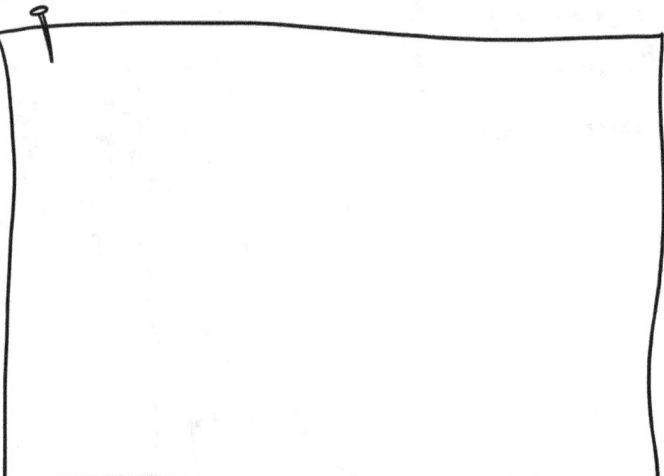

Au bout d'un certain temps, Adam et Ève sont devenus très curieux au sujet du fruit qu'ils n'avaient pas le droit de manger. Et un jour, un serpent est venu les piéger et a poussé Ève à manger de ce fruit.

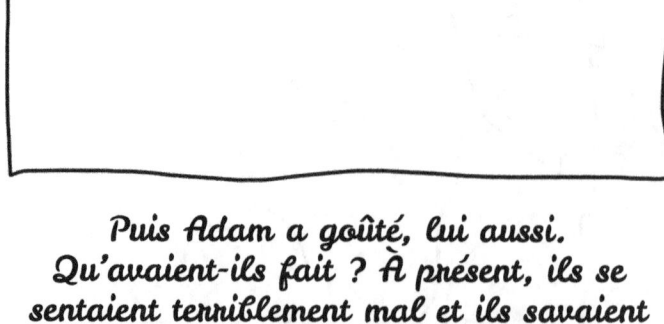

Puis Adam a goûté, lui aussi. Qu'avaient-ils fait ? À présent, ils se sentaient terriblement mal et ils savaient que Dieu ne serait pas heureux de savoir qu'ils lui avaient désobéi.

Thème : La maîtrise de soi

Mise en pratique

Salut ! Je suis Allie. Je vais t'aider à mettre la Parole de Dieu en pratique dans ta vie.

ADAM et ÈVE savaient qu'ils n'étaient pas censés manger le FRUIT de l'arbre que Dieu leur avait INTERDIT d'approcher. Mais lorsque le serpent s'est faufilé près d'eux pour les TENTER en leur promettant que tout irait bien, ils ont préféré l'ÉCOUTER. Ils n'avaient pas ASSEZ de maîtrise de soi pour FUIR ce qui était mal, et ils ont choisi de manger ce fruit qui avait l'air si BON. Ils ont commis une triste erreur en désobéissant, et ils ont dû quitter le beau jardin de Dieu. Ils ont détruit le monde parfait que Dieu avait créé. Lorsque nous n'arrivons pas à nous MAÎTRISER, il y a toujours des CONSÉQUENCES douloureuses.

Parmi toutes ces lettres, retrouve les mots qui figurent en majuscules dans le texte ci-dessus.

```
T C B W U R P L G I C N K G K
P I C Q I M J F Z N D P J O O
H N U U N R C Y E T C P K V Z
K Y F R M T Y V S E D Y K É O
X D M I F A S O S R B R C V X
B R W A I B Î K A D B O P I M
F X L G R X Y T H I U O X O L
T Y B C M V Q E R T L T N Q F
K V T B M Z G S E I E D O T M
R E T N E T M R D P S L E M O
V G M S C V C C L I A E K P F
C O N S É Q U E N C E S R X O
C X N Y O W È N K W B E C I N
K V U F G N V A D A M G J H E
I Q P L K V E R M T V Y W A T
```

Thème : La maîtrise de soi

Page à colorier

Colorie ce dessin qui représente une scène de la Bible.

(Genèse 3:6)

Dieu a dit à Adam et Ève qu'ils pouvaient manger des fruits de tous les arbres du jardin sauf un. Mais ils ne se sont pas maîtrisés et ils ont quand même mangé du fruit de cet arbre. Cela a attristé Dieu.

Thème : La maîtrise de soi

Retrouve ton chemin

Émilie doit acheter du pain à la boulangerie, mais elle aimerait plutôt aller à l'épicerie pour acheter des bonbons. Peux-tu l'aider à se maîtriser ?

Thème : La maîtrise de soi

Réagir ou répondre

Si nous ne pouvons pas maîtriser quelque chose et que nous laissons nos émotions prendre le dessus, nous aurons tendance à **RÉAGIR** d'une manière négative.

Mais si nous prenons le temps de nous calmer et de réfléchir d'abord, nous serons capables de **RÉPONDRE** et de gérer la situation avec sagesse.

trouver une solution qui marche

se fâcher

être détendu

rester calme

être hyper susceptible

être grognon

insister pour faire les choses à sa manière

faire preuve de patience

Relie ces descriptions au personnage auquel elles correspondent le mieux.

Thème : La maîtrise de soi

À toi de jouer

Essaie ces petits exercices et jeux. Ils t'aideront à t'exercer à la maîtrise de soi.

1. Prépare ton dessert préféré (qui ne fond pas) et mets-le dans un bol devant toi. Entraîne-toi à te maîtriser en restant au moins cinq minutes assis(e) à regarder ce dessert, mais sans le manger. Ensuite, tu pourras le déguster.

2. Demande à tes parents un sachet de chips. Pratique la maîtrise de soi en ne mangeant que 3 chips par jour. Compte le nombre de jours que durera ton paquet de chips.

3. Lorsque tu regardes la série télé que tu préfères, teste ta capacité à te maîtriser en éteignant la télé cinq minutes avant la fin de l'épisode.

4. La prochaine fois que ton frère ou ta sœur te diront quelque chose de méchant, exerce-toi à la maîtrise de soi en ne répondant rien à leur méchanceté. Au lieu de cela, contente-toi de sortir de la pièce et de faire autre chose pour te changer les idées.

Évalue-toi

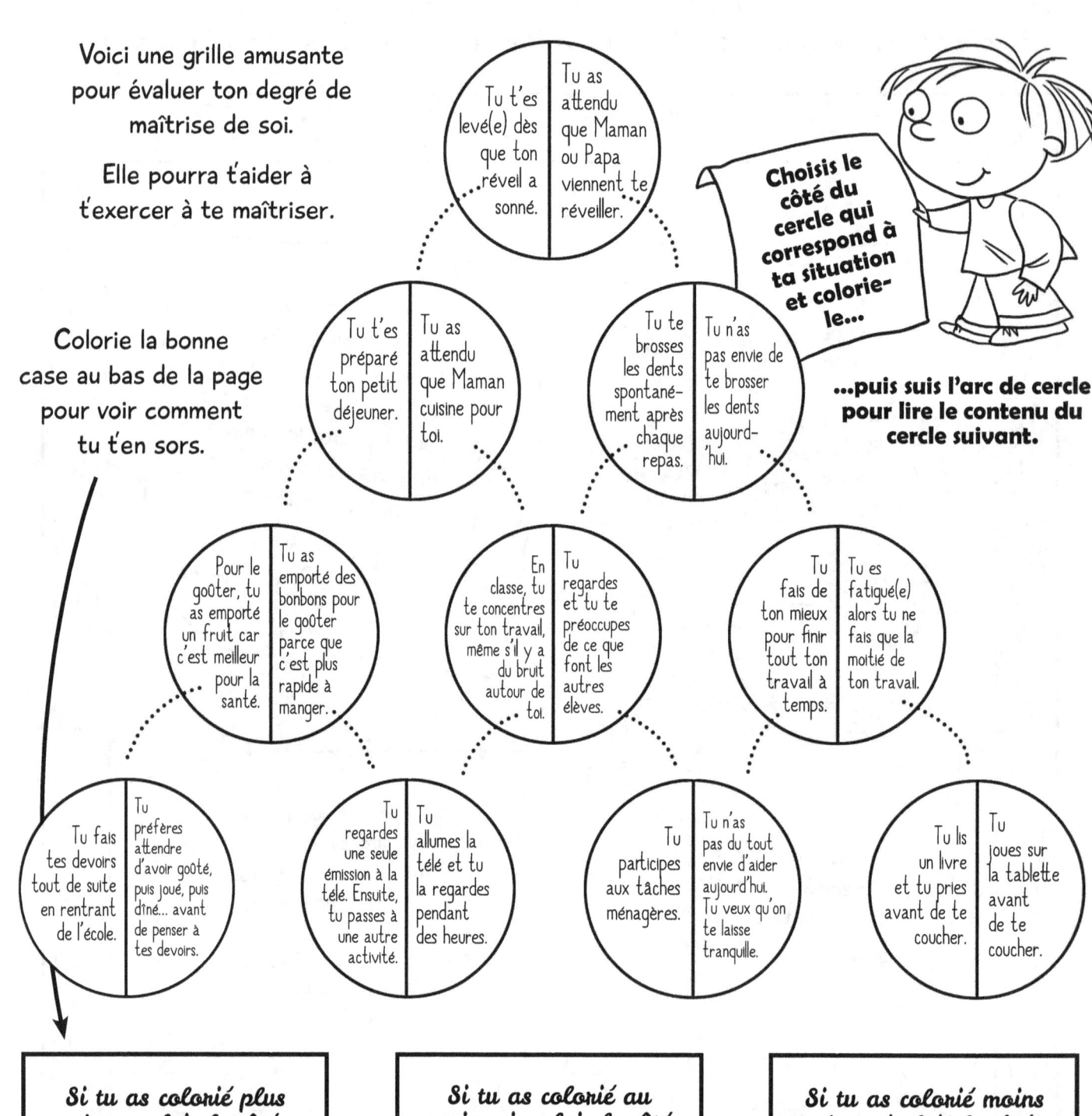

Flip et Flop

Celui qui maîtrise les autres est peut-être puissant, mais celui qui sait se maîtriser lui-même est encore plus fort.

En route vers le progrès

Lorsque tu veux prendre de bonnes habitudes ou progresser dans un certain domaine, cela peut être utile d'avoir une sorte de plan à suivre. Puisque nous parlons de la maîtrise de soi, dresse une liste de ce qui peut t'aider à t'améliorer dans ce domaine.

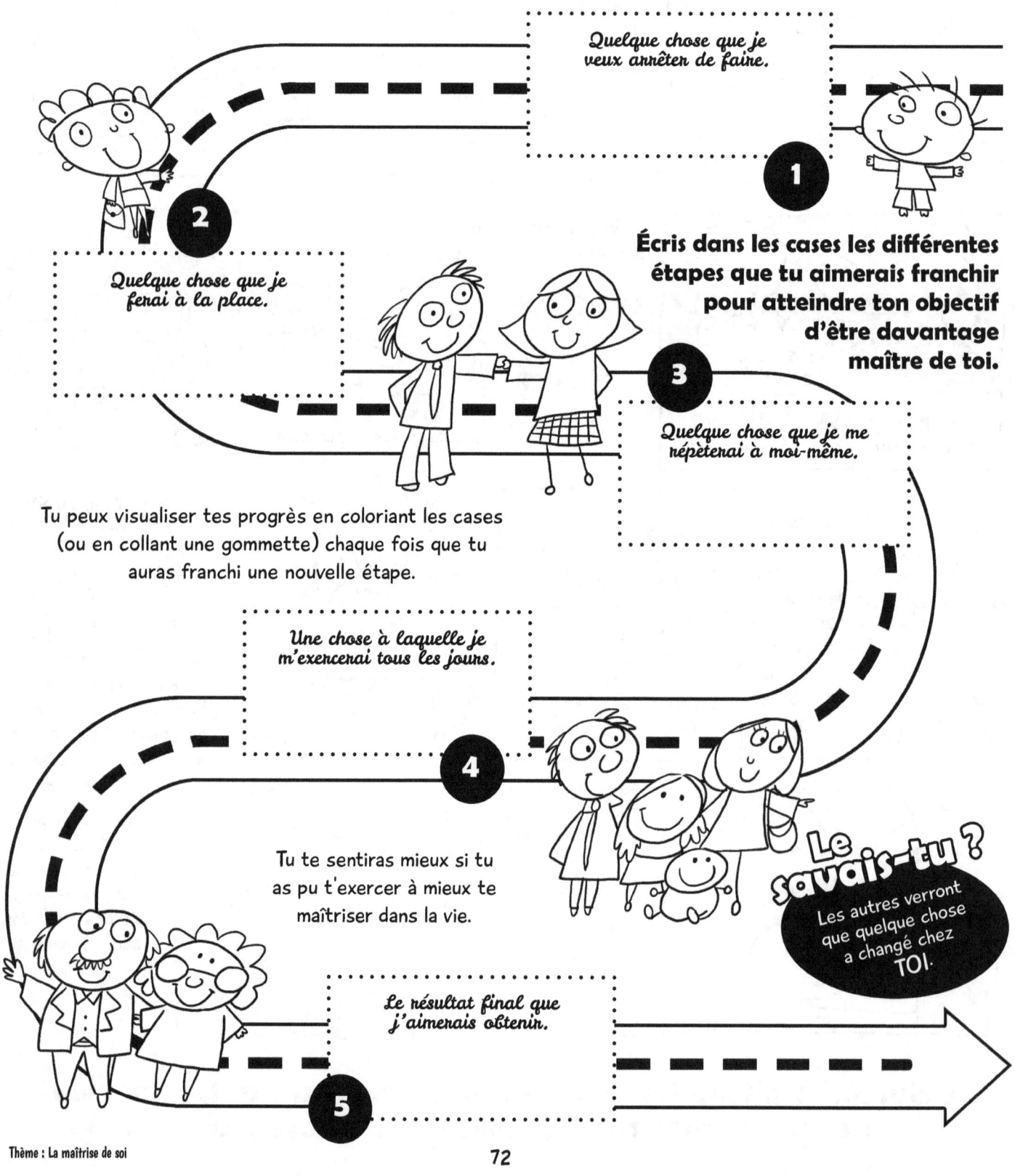

Thème : La maîtrise de soi

Petite pause prière

Demande à Dieu de t'aider à maîtriser tes émotions et de te donner la force nécessaire pour faire des choix sages.

Remplis les blancs pour que ces prières deviennent les tiennes.

Cher Dieu, j'ai du mal à maîtriser ma langue. Parfois, je dis des choses _____. S'il-te-plaît, donne-moi plus de _____ pour que je puisse réfléchir et prier avant de parler et que je sois _____ dans les choses que je dis aux autres. Amen.

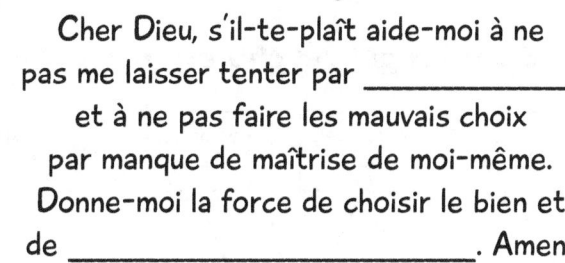

Cher Dieu, s'il-te-plaît aide-moi à ne pas me laisser tenter par _____ et à ne pas faire les mauvais choix par manque de maîtrise de moi-même. Donne-moi la force de choisir le bien et de _____. Amen.

Cher Dieu, lorsque je voudrais faire comme mes amis, avoir _____ ou avoir le droit de faire certaines choses comme par exemple _____, je te prie de me donner de la patience et de m'aider à réaliser que _____ _____ et aussi que tu contrôles tout, donc je sais que je peux te faire confiance pour ces choses. Amen.

Cher Dieu, parfois j'ai du mal à me contrôler dans ma façon d'agir. Je _____ _____. S'il-te-plaît, aide-moi à accueillir ton Saint-Esprit pour que je puisse te plaire par mes actions et qu'au lieu de _____ je puisse choisir de _____. Amen.

Thème : La maîtrise de soi

Réponses

Le sérieux, c'est quoi ? - Page 2

Dans les petites choses - Page 4

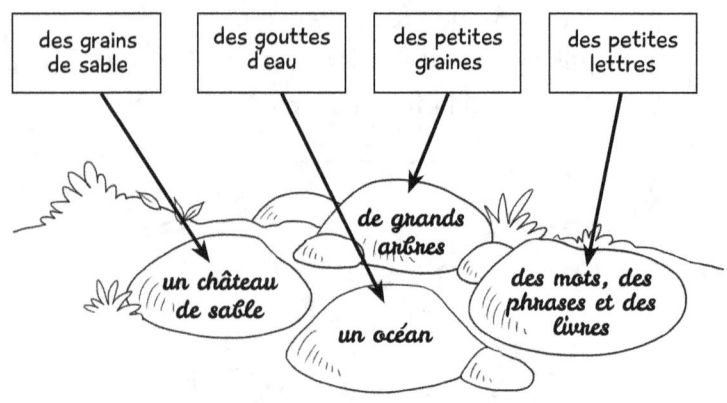

Par-dessus tout... - Page 7

Les pièces du puzzle - Page 10

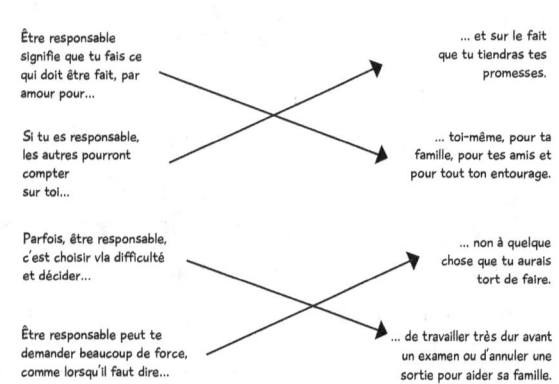

Mise en pratique - Page 13

```
F M J A Z B G L S W O L Z D I
Y T W J T E P A H O N M U S M
E D F K G T E M P S I N O N M
A E A Y G Z E D F C A N T J E
U Q W J D Y H N M T H V F V N
K N D E I I H G T W W Q S F S
N U G Y T D G S Z I S B F E E
C J E U C F A J B L O W Y D S
R H B O G V E J E O Z N I G S
C E L Z O D T I A F R A P S Q
M F S U N C P Z U V D C Z N S
F U R O F C Y Y F W B P V O V
N E M L P T C I A K Y Q C Y Y
R B M O F E N P S I O X I O G
W B S N T I R K X V P W Q V K
```

Retrouve ton chemin - Page 14

Au royaume des animaux - Page 16

Ce que font les autres - Page 17

- Nous utilisons un **chronomètre** pour faire 10 à 15 minutes de rangement tous les jours.

- Une fois par **semaine**, nous mangeons un **dessert** spécial, servi dans un plat sous lequel figure une liste de tâches que nous pourrons faire durant la semaine.

- Chez nous, chacun est responsable de l'**entretien** d'une pièce de la maison en particulier.

- Dans notre famille, nous lisons chaque jour un chapitre du livre des Proverbes. Ce livre parle beaucoup de l'importance d'être **sérieux**.

- Chaque semaine, nous choisissons les **tâches** que nous aimerions faire pour aider nos parents à la maison.

- Lorsque nous entendons une certaine musique en particulier, nous savons que c'est l'heure de tout **ranger** dans la maison.

- J'ai un animal de compagnie, donc j'apprends à être sérieuse en prenant **soin** de lui.

La gratitude, c'est quoi ? - Page 27

Je **loue** et je remercie Dieu tous les jours !

J'**exprime** ma reconnaissance et ma gratitude lorsque quelqu'un m'offre quelque chose.

Je me réjouis pour les petites choses **simples** et je ne cherche pas à posséder davantage de choses.

Je dis merci aussi **souvent** que possible.

J'écris des **cartes** de remerciement à tous les amis qui m'ont offert des cadeaux à mon anniversaire.

Je fais preuve de **gentillesse** envers ceux qui ont été sympas avec moi.

Menons l'enquête - Page 14

La couleur préférée de Linda est le violet. Alors, quand on lui a offert un oreiller à fleurs jaune pour son anniversaire, elle était un peu déçue. .... Ce n'est pas exactement la couleur que je préfère, mais je suis très heureuse qu'on m'ait offert quelque chose dont j'avais vraiment besoin.

À tour de rôle, les enfants font la course avec des petites voitures mécaniques, mais il ne peut y avoir qu'un seul gagnant. Jamie a perdu. Il n'est arrivé que 16ème. ... Pour une première course, ce n'est pas si mal. Et la prochaine fois, je réussirai mieux !

Lorsque Kelly a voulu s'inscrire pour des activités à l'école, il ne restait plus aucune place dans les groupes qui proposaient les activités qu'elle aimait et qu'elle aurait voulu choisir. ... La cuisine, ce n'est pas ce que je préfère, mais au moins je peux lécher les casseroles.

Aujourd'hui, à l'école, Stevie a échangé certaines de ses cartes préférées avec Carl. Mais il n'a pas eu celles qu'il espérait en échange. ... Ce ne sont pas celles que j'aurais aimé avoir, mais au moins, il m'en reste quelques-unes que je pourrai encore échanger.

Des lapins affamés - Page 33

Le message secret est :
Sois reconnaissant pour ce que tu as.

La fête des sens - Page 35

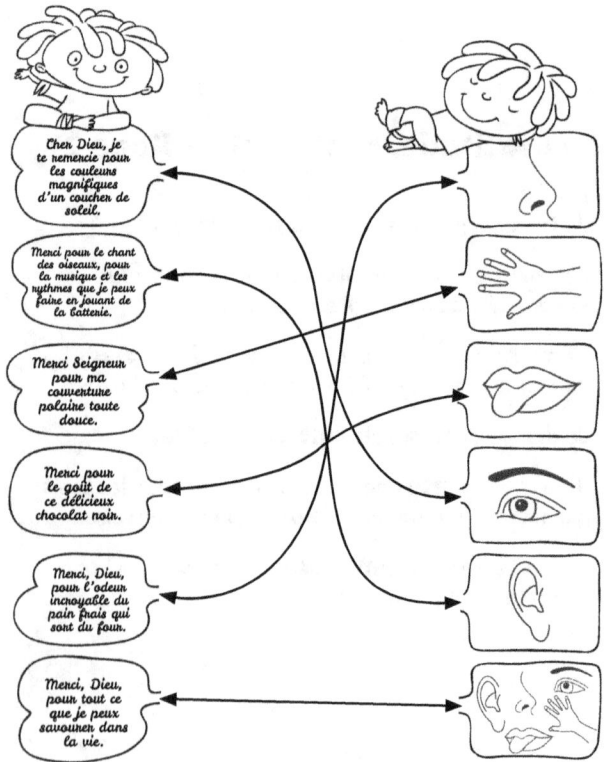

Les leçons d'Ollie - Page 36

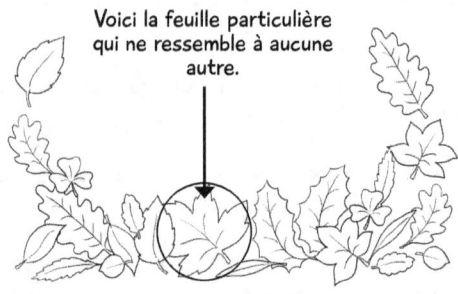

Retrouve ton chemin - Page 41

Découvre le message - Page 42

Le message secret est : *Dis merci*

Rimes pour louer - Page 43

Regarde toutes les belles
choses que Dieu a créées.
La beauté de son œuvre te
poussera à le louer.

Je veux compter chaque jour
toutes ses bénédictions,
Et toujours lui dire merci
sans aucune modération.

Montrons-lui notre gratitude
par nos bouches et nos cœurs,
Dieu aime qu'on le remercie
pour toutes ses faveurs.

Tout le monde apprécie
d'entendre un « merci ! »,
Et moi je veux louer Dieu
qui jamais ne m'oublie.

Les chemins vers la gratitude - Page 45

Chante et danse
Prononce des **paroles** positives
Souris à la vie
Aie des **pensées** joyeuses
Vois le bon côté des choses
Fais **attention**

Un moment dans la prière - Page 46

```
A G C E L V S Y W V L F E U A G C D C Y
D U C M F I N D P O Z E G J H J G U F
O P D R I Y O F O B X E G N A U O L V H
S E U E I Q L T U H B X Q N V E R S Q G
C E G Q V S L Y S A O S T J C T Y A F P
C R M Z H A A I S E B A P O Y X G B Y F
R X A U J O N O O Q N C C I V W S C I L
S E D B A D A T N T E E S E T Q G A U P
D B G J T S P S V A U Q E Y Q O I E W
G V O O R E P T A L B I P L T H Q K R M
```

(Voici un exemple de la manière dont tu peux prier.)

Cher Dieu,
Je te remercie parce que tu es bon et que tu es **puissant**. Merci de m'avoir donné **une armoire pleine de vêtements.**
Parfois, j'ai très envie de me plaindre au sujet de **certains jeux que j'aimerais avoir**. S'il-te-plaît, aide-moi à trouver des manières de te louer, même quand je me sens **jaloux(se) de ce que les autres possèdent.**
Aide-moi à cultiver la joie même si je **n'obtiens pas toujours ce que je veux**.
Aide-moi à remarquer toutes les bonnes choses qui m'entourent et à dire **merci pour ce que j'ai**. Amen.

Dès le plus jeune âge - Page 54

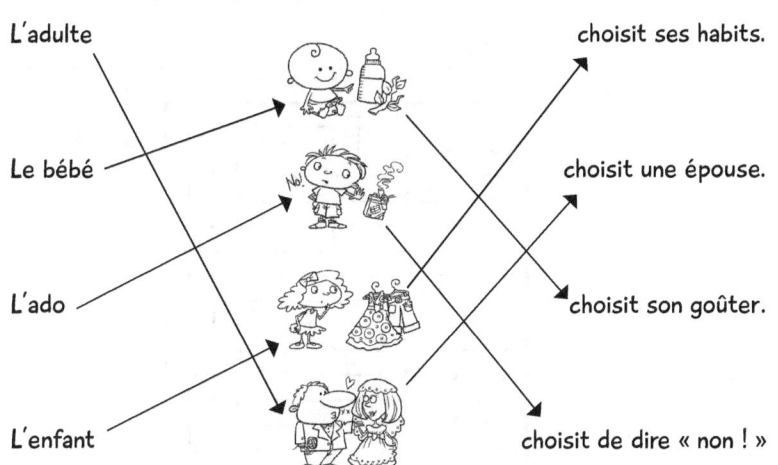

L'adulte — choisit ses habits.
Le bébé — choisit une épouse.
L'ado — choisit son goûter.
L'enfant — choisit de dire « non ! »

Comprendre pourquoi - Page 55

1. Tu es encore un peu trop **jeune**.
2. C'est peut-être trop **cher**.
3. C'est par respect pour les convictions **religieuses** ou la culture de ta famille.
4. Tu n'as peut-être pas le **temps**.
5. Ce n'est peut-être pas bon pour ta **santé**.
6. Tu as déjà plein d'autres **choses**.
7. Il y a quelque chose d'autre de prévu sur le **calendrier**.

Fais ton choix - Page 56

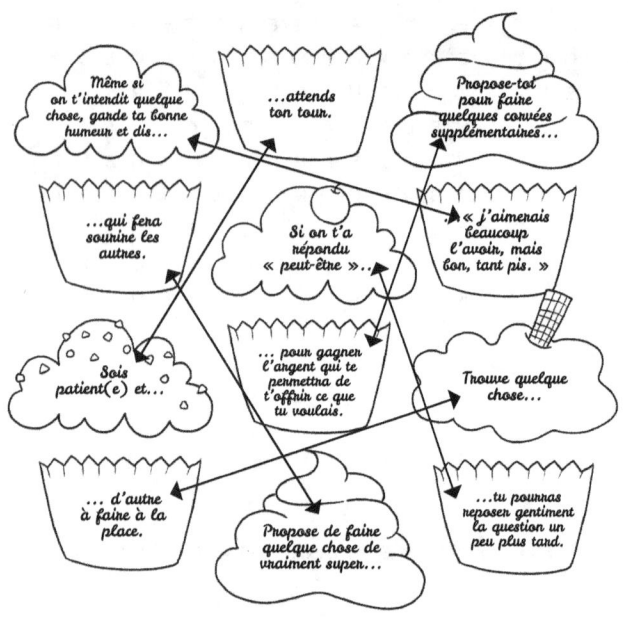

Un verset Biblique - Page 58

Le verset à trouver était :
Par-dessus tout, veille sur ton cœur.

Proverbes 4:23

Apprendre à se maîtriser - Page 60

La **maîtrise** de soi, c'est lorsque je **décide** d'**arrêter** de **faire** quelque chose de **mal** ou qui **pourrait** être **douloureux** pour moi ou pour les **autres**.

Mise en pratique - Page 65

```
T C B W U R P L G I C N K G K
P I C Q I M J F Z N D P J O O
H N U U N R C Y E T C P K V Z
K Y F R M T Y V S E D Y K É O
X D M I F A S O S R B R C V X
B R W A I B Î K A D B O P I M
F X L G R X Y T H I U O X O L
T Y B C M V Q E R T L T N Q F
K V T B M Z G S E I E D O T M
R E T N E T M R D P S L E M O
V G M S C V C C L I A E K P F
C O N S É Q U E N C E S R X O
C X N Y O W È N K W B E C I N
K V U F G N V A D A M G J H E
I Q P L K V E R M T V Y W A T
```

Retrouve ton chemin - Page 67

Réagir ou répondre - Page 68

Un moment dans la prière - Page 73

www.iCharacter.eu
Illustrations : Agnès de Bézenac
Traduit de l'original anglais par Vanessa Bonnefont.
Publié par iCharacter Limited ®. 6-9 Trinity Street, Dublin, Irlande.
Loi n° 49-956 du 16 juillet 1949 sur les publications
destinées à la jeunesse. Dépôt légal mars 2020.
Copyright 2020. Tous droits réservés.

Copyright © 2020 iCharacter Limited ®. Tous droits réservés. Aucune partie de ce livre ne peut être reproduite sous quelque forme que ce soit, y compris par les moyens électroniques ou mécaniques, les systèmes de stockage de l'information et de récupération, sans autorisation écrite de l'éditeur ou de l'auteur, sauf s'il s'agit de la citation de brefs extraits dans le cadre d'une revue de presse.

www.ingramcontent.com/pod-product-compliance
Lightning Source LLC
Chambersburg PA
CBHW081432070526
44586CB00020B/2559